Dieter Buck
Ausflugsziel Remstal

W0047578

Dieter Buck

Ausflugsziel
Remstal

- Wandern
- Rad fahren
- Entdecken

Silberburg-Verlag

Dieter Buck
1953 geboren, verfasst der Stuttgarter seit vielen Jahren Wandervorschläge, Tipps für Radtouren und Reisebeschreibungen für verschiedene Zeitungen und Magazine im In- und Ausland. Außerdem
veröffentlichte er zahlreiche Bücher: Wander-, Radwander- und Rei-
seführer. Er ist Herausgeber des »Schwaben-Kalenders« und Redak-
tionsleiter von »Schwaben Alpin«. Dieter Bucks Themengebiete sind
Süddeutschland, insbesondere Baden-Württemberg und das Allgäu,
sowie der deutsche und österreichische Alpenraum.

3. Auflage 2008

© Copyright 2002 / 2008 by Silberburg-Verlag GmbH,
Schönbuchstraße 48, D-72074 Tübingen.
Alle Rechte vorbehalten.
Alle Wegbeschreibungen erfolgen nach bestem Wissen und Gewissen.
Autor und Verlag können jedoch keine Haftung übernehmen,
auch nicht bei etwaigen Unfällen.
Die Benutzung dieses Buches geschieht auf eigenes Risiko.
Umschlaggestaltung: Frank Butzer unter Verwendung eines Fotos von Dieter Buck.
Bilder: Dieter Buck, Stuttgart.
Kartengrundlage: Topographische Karte 1 : 100 000,
© Landesvermessungsamt Baden-Württemberg (http://www.lv-bw.de),
11.12.01, Az.: 2851.3-D/126, bearbeitet durch den Verlag.
Druck: Grammlich, Pliezhausen.
Printed in Germany.

ISBN 978-3-87407-512-1

Besuchen Sie uns im Internet
und entdecken Sie die Vielfalt unseres Verlagsprogramms:
www.silberburg.de

Inhalt

Teil 2 – Radtouren

Teil 3 – Durch Städte bummeln – entdecken, besichtigen, erleben

Informationen

Das Remstal

Die 81 Kilometer lange Rems zählt zu den bedeutendsten Flüssen des Landes. Vor allem zwischen Waiblingen und Schorndorf ist ihr Tal auch ein beliebtes Ausflugsziel, sei es im Frühjahr, wenn die Kirschbäume blühen, sei es im Herbst, wenn das Weinlaub bunt leuchtet. Es ist auch altwürttembergisches Land, lag hier in Beutelsbach doch die Wiege der württembergischen Herrscher. Ganz in der Nachbarschaft ist auch der Ursprung des staufischen Herrschergeschlechts.

Jeder verbindet etwas anderes mit dem Remstal: Während der eine an die berühmte Kirschbaumblüte denkt, hat der andere prächtige Fachwerkstädte wie Schorndorf, Schwäbisch Gmünd oder Waiblingen im Kopf – ganz zu schweigen von den heimeligen kleinen Ortschaften, die man überall im Tal findet. Und ganz andere denken wiederum an den Remstäler Wein und die gemütlichen Wirtschäftle.

Alles richtig, aber nur ein Teil des Ganzen! Das Remstal ist nämlich viel mehr als das, was sich so im Kopf festgesetzt hat. Reicht es doch von der Quelle der Rems am Fuße des Albuchs bei Essingen bis zur Mündung des Flusses in den Neckar bei Neckarrems. Das in Ost-West-Richtung verlaufende Tal trennt – ganz grob gesagt – die Schwäbische Alb vom Schwäbisch-Fränkischen Wald.

Das Tal, das auf der kargen Ostalb beginnt, ist zunächst breit und erinnert mit der weiten Wiesenlandschaft etwas an das Allgäu. Dramatische Akzente setzt am Oberlauf der steil aufragende Rosenstein. Kommt man an Bargau vorbei, tauchen bald links die Kaiserberge auf. Nach Schwäbisch Gmünd wird das Tal enger und ist von dunklem Wald umgeben. Vor Lorch weitet es sich jedoch wieder zu einer Wiesenlandschaft mit Baumwiesen.

Ab Plüderhausen gibt es außer Wiesen auch Äcker, jetzt durchfließt der Fluss ein breites Tal, in dem es nun auch viele Orte gibt. Ab Winterbach wird das Tal wieder etwas enger. Hier befindet man sich in der für die Kirschbaumblüte bekannten Landschaft um Strümpfelbach und Stetten, die im Frühjahr tausende von Besuchern anlockt. Die Berge hören auf mit den Hörnern des Kleinheppacher und des Korber Kopfes. Auf der Südseite des Tals liegt der Schurwald, auf der Nordseite beginnt das Bergland des Schwäbisch-Fränkischen Waldes. Das Remstal bietet kurz vor seiner Mündung dann eine idyllische Flussmäanderlandschaft, die auf weiten

Strecken noch von Beeinträchtigung und Lärm frei ist.

Vor allem in ihrem Unterlauf fließt die Rems in einem hellen, freundlichen Tal, in dem Obst und Wein gedeihen. Deshalb wurde die Gegend auch schon als »schwäbische Toskana« bezeichnet. Sogar Kaiser Joseph lobte das Gebiet auf seiner Durchreise von Paris nach Wien 1777, als er zum damaligen Oberamtmann Paulus meinte: »Ihr Herzog hat ein schönes Land, und Ihr Remsthal könnte man einen Garten Gottes heißen.«

Hier reift an den sanften und sonnigen Hängen schon seit 900 Jahren der Wein; und die heimeligen Dörfer mit den alten Fachwerkhäusern und gemütlichen Gastwirtschaften sind zwischen Weinbergen, Wäldern und Streuobstwiesen eingebettet.

Für Autofahrer durchzieht die Remstal-Route die Landschaft. Dem organisierenden Verkehrsverein gehören zehn Gemeinden an (Aichwald, Fellbach, Kernen i. R., Korb, Remshalden, Schorndorf, Waiblingen, Weinstadt, Winnenden, Winterbach), außerdem über hundert andere Mitglieder aus Weinbau und Gastronomie (www.remstal-route.de).

Überhaupt der Wein! Er gehört mit den Kirschen zum Besten, was im Unterlauf des Remstales wächst. Überall kann man ihn genießen, in urigen, gemütlichen Gasthäusern oder direkt beim Erzeuger in Besenwirtschaften. Als Hauptsorte wird

auf 42 Prozent der Anbauflächen Trollinger angebaut. Etwa 32 Prozent der Rebflächen sind reine Steillagen, etwa 54 Prozent mittlere Hanglagen.

Unzählige Wanderungen und Radtouren sind im Remstal das ganze Jahr über möglich. Während die Streuobstwiesen ihre größte Pracht im Frühjahr zur Zeit der Blüte entfalten, bezaubern die Wälder und Weinberge im Herbst durch ein Furioso an leuchtend buntem Laub. Und was wichtig ist: Man berührt immer wieder Orte mit Gasthäusern oder Besenwirtschaften, in denen man den Durst stillen kann – nicht umsonst ist der Remstäler ein beliebter Wein!

Die Wanderungen sind zwar ganzjährig möglich, allerdings sollte berücksichtigt werden, dass im Wald im Frühjahr der Schnee länger liegen bleibt als auf freier Fläche und die Wege deshalb zuweilen auch vereiste, glatte Stellen aufweisen können. Man sollte sich daher mit geeigneten Schuhen ausrüsten – und Radfahrer seien im Frühjahr vor den vereisten Stellen, die urplötzlich auf sonst trockenem und gefahrlosem Weg auftauchen können, besonders gewarnt!

Schön am Remstal ist auch, dass man nicht unbedingt auf das Auto angewiesen ist: Das Gebiet ist mit der S-Bahn, die bis Schorndorf fährt und danach mit der Bahn bestens erschlossen.

Zum Gebrauch dieses Buches

Dieses Buch bietet viel: Im *ersten Teil* sind Wandervorschläge und Lehrpfade beschrieben, im *zweiten Teil* Radtouren, im *dritten Teil* findet man Beschreibungen der schönsten Orte mit ihren Sehenswürdigkeiten und im *vierten Teil* ist alles zusammengetragen, was es an wichtigen Informationen gibt.

So kann man eine Wanderung oder Radtour problemlos mit einem Bummel durch einen interessanten Ort, mit einer Besichtigung, einem Museumsbesuch oder mit einem Sprung in das erfrischende Nass eines Frei- oder Hallenbads verbinden.

Die Zeitangaben der Strecken wurden folgendermaßen errechnet: Für vier Kilometer wurde eine Stunde angesetzt und für Anstiege wurden Zuschläge gemacht, wobei von 400 Metern, die in einer Stunde zu bewältigen sind, ausgegangen wurde. Bei den Angaben zu Länge und Dauer der einzelnen Strecke und den Höhenunterschieden handelt es sich um ungefähre Angaben, kleinere Abweichungen sind möglich.

Bei den Radtouren ist es ungleich schwieriger als bei Wanderungen, eine Zeitangabe zu machen. Die individuellen Fahrgewohnheiten sind zu unterschiedlich: Während der eine am liebsten schnell und auf breiten Straßen fährt, ist dem anderen eine komplizierte Strecke im Wald und über Berg und Tal lieber. Oder während der eine auch bei kleineren Steigungen lieber schiebt, hat der andere auf der gleichen Strecke womöglich noch nicht einmal den kleinsten Gang eingelegt. So wurde bei den Zeitangaben der Radtouren eine Durchschnittsgeschwindigkeit von 15 km/h zugrunde gelegt, außerdem wurden Zuschläge für Anstiege gemacht. Da jeder sein persönliches Fahrverhalten kennt, kann man nun seinen Zeitaufwand selbst einschätzen.

Sonstige Informationen

■ **Auskunft:**
Regio Stuttgart Marketing- und Tourismus GmbH
Postfach 10 39 12, 70034 Stuttgart
Telefon (07 11) 22 28-0
Fax (07 11) 22 28-2 70
Internet: www.stuttgart-tourist.de

Tourismus-Verband Baden-Württemberg e. V.
Esslinger Straße 8
70182 Stuttgart
Telefon (07 11) 2 38 58-0,
Fax   (07 11) 2 38 58-98
Internet: www.tourismus-baden-wuerttemberg.de

Touristikgemeinschaft Neckar Hohenlohe Schwäbischer Wald e.V.
Am Markt 9
74523 Schwäbisch Hall
Telefon (07 91) 7 51-3 85,
Fax   (07 91) 7 51-6 42
Internet: www.schwaebischhall-touristik.de

Remstalkellerei eG
Kaiserstraße 13
71384 Weinstadt-Beutelsbach
Telefon (0 71 51) 69 08-0
Fax   (0 71 51) 69 08 15
Internet: www.remstalkellerei.de

■ **Wanderkarten:**
Freizeitkarten 1 : 50 000, herausgegeben vom Landesvermessungsamt Baden-Württemberg:
Blatt 520 Stuttgart
Blatt 521 Göppingen Remstal Filstal
Blatt 522 Aalen Härtsfeld

■ **Öffentliche Verkehrsmittel:**
Deutsche Bahn:
Telefon (01 80) 5 99 66 33
VVS (S-Bahn bis Schorndorf):
Telefon (07 11) 1 94 49
Wieslaufbahn (WEG):
Telefon (0 71 83) 93 80 10
Mobilitätszentrale der Stadt Stuttgart:
Telefon (07 11) 2 16-90 00
Busverbindungen:
RBS Regionalcenter Backnang:
Telefon (0 71 91) 9 64 30;
Regionalcenter Aalen:
Telefon (0 73 61) 5 71 40
Im *Internet* sind Fahrpläne unter folgenden Adressen zu finden: www.efa-bw.de und www.vvs.de, dort kann man sich auch einen individuellen Plan zusammenstellen lassen. Die Fahrpläne der Deutschen Bahn AG sind unter www.bahn.de zu finden.

Teil 1
Wanderungen

Wo die Rems entspringt

Essingen – Remsursprung – Lauterburg – Weiherwiesen – Essingen

Diese Tour führt uns an den Rand der Ostalb, zum Ursprung der 81 Kilometer langen Rems. Das Remstal hat hier allerdings eine ganz andere Landschaft aufzuweisen als an seinem Unterlauf: Man findet dunkle, ernste Fichtenwälder und karge Hochebenen – an manchen Stellen fühlt man sich fast in eine nordische Landschaft versetzt; ab und zu stößt man aber auch auf liebliche, kleine Tälchen, die von glucksenden Bächlein durchflossen sind.

■ **Ausgangspunkt:**
Essingen.

■ **Wegverlauf:**
Wir folgen in *Essingen* der Durchgangsstraße in Richtung Lautern bis nach links der Riedweg abgeht, hier ist mit dem Wanderzeichen blaues Dreieck bereits der »Remsursprung« angezeigt. Wir gehen geradeaus aus dem Ort hinaus und weiter bis zum letzten Hof, der so genannten *Ölmühle*. Hier werden wir nach links verwiesen. Es steigt im Wald etwas an, dann zieht der Weg nach links in ein Wiesental; hier müssen wir allerdings nach rechts über die Wiese zum gegenüberliegenden Waldrand gehen. Im Wald halten wir uns am ersten Querweg rechts, ihm folgen wir oberhalb der Rems, die hier nur ein kleines Bächlein ist, bis zu einer *Fischzuchtanlage*. Hier gehen wir nach rechts zur Straße und spazieren auf ihr ein paar hundert Meter nach links; wo rechts eine kleine Parkmöglichkeit ist, befindet sich links der *Remsursprung*.

Wir folgen an der Quelle dem in den Wald hineinweisenden Weg zum *Hirtenteichlift,* dem zweiten der beiden Lifte. An seiner Talstation steigen wir auf der Lifttrasse steil nach oben. Nachdem wir ungefähr zwei Drittel des Lifthangs hinter uns gebracht haben, quert ein Weg. Auf ihm gehen wir nach rechts; er knickt bald darauf nach links ab und bringt uns aus dem Wald. Wir gehen bis zur Bergstation des Liftes und hier auf dem Weg nach rechts (blaues Dreieck) in Richtung »Lauterburg«. Nach dem *Bergwachthaus* kommen wir zu einem Parkplatz, an dem wir nach links abbiegen (aber nicht scharf links in den Hof) und weiter über die Wiesen zu einem Gehölz mit Spiel- und Grillplatz spazieren. Nun folgen wir dem roten Dreieck nach links in Richtung »Irmannsweiler«

An der ersten Verzweigung halten wir uns links. Dort, wo der Weg mit dem roten Dreieck nach links abknickt, gehen wir mit dem gelben Dreieck geradeaus weiter (»Irmannsweiler«). Nun wandern wir eine Zeit lang über die herbe und karge Hochfläche der Ostalb, ein Landschaftsbild mit ganz eigenem Reiz.

Nach einiger Zeit kommen wir in den Wald. Bei der Verzweigung halten wir uns rechts, gleich darauf quert ein Schotterweg; hier behalten wir unsere Richtung bei und gehen auf dem unbefestigten Weg durch einen hohen, dunklen Nadelwald. Nach dem Waldstück kommen wir auf eine Lichtung, hier quert vor dem befestigten Weg, den man bereits sieht, ein Naturweg, der uns mit dem gelben Dreieck nach links in Richtung »Weiherwiesen« weist. Es geht wieder durch den Wald, bis wir nach einiger Zeit vor einem der beiden kleinen Seen der *Weiherwiesen* stehen.

15

Im Remstal vor Essingen

Knabenkräuter und Schwertlilien. Viele Libellen haben hier eine Heimat gefunden. Das 27,85 Hektar große Naturschutzgebiet Weiherwiesen wird heute vom Schwäbischen Heimatbund betreut.

Am Waldrand nach dem See halten wir uns rechts, biegen aber gleich in den nächsten Weg nach links ein. Wie wir auf der amtlichen Karte sehen können, gab es hier früher viele Erzgruben.

Die **Weiherwiesen** sind auf der sonst so trockenen Alb eine Besonderheit. Mit den hohen Nadelbäumen, den Buchen und Birken sind sie ein recht idyllischer Anblick.

Die Weiherwiesen dienten jahrhundertelang als Viehweide, hier stand das so genannte Weiherhaus mit Hirtenwohnungen und ausgedehnten Stallungen. Es war für die Bewohner der umliegenden Orte ein beliebtes Ausflugsziel, wo man sich insbesondere an Himmelfahrt und Pfingsten in der Bier- und Branntweinschenke traf. Früher wurden hier bis zu 20 000 Schafe jährlich gewaschen und geschoren. 1987 entdeckte man Reste eines römischen Kastells aus der Zeit des so genannten Alblimes.

Auf den Wiesen um die beiden Seen herum wachsen Seggen und Trollblumen, auch die Heidenelke ist hübsch anzusehen, ebenso findet man Wollgras, Arnika, verschiedene

In diesen **Erzgruben** wurde früher nach Bohnerz gegraben. Heute sieht man noch bis zu drei Meter tiefe, dicht beieinander liegende Gruben. Wegen des Eisenerzvorkommens war die Gegend schon früh besiedelt.

Wir wandern nun, bis ein mit dem blauen Dreieck markierter Weg quert, auf ihm gehen wir nach links. Ab hier geht es nur noch bergab, erst durch Wald, dann über eine Freifläche. Danach kommen wir wieder in den Wald, nun zieht ein schmaler Pfad steil nach links abwärts in ein breites Wiesental. Wir gehen bis zu einem Hof, wo wir nach rechts abbiegen. Kurz darauf sind wir wieder in *Essingen*.

Essingen (508 m)

Der Ort wurde um 1090 erstmals genannt und 1413 als Pfand von Georg von Woellwarth von Graf Eberhard III. von Württemberg erworben. In der zweiten Hälfte des 16. Jahrhunderts kauften die Herren von Woellwarth von verschiedenen anderen Grundherren Essingen. 1696 erwarben die Freiherren von Degenfeld ein Drittel des Dorfes. In der Umgebung wurde früher Eisenerz abgebaut. Der quadratische Turm der **evangelischen Pfarrkirche** stammt im Kern vermutlich aus dem 15. Jahrhundert. Im Langhaus sieht man Evangelistenbilder aus dem 17. Jahrhundert. Sehenswert sind insbesondere das vermutlich aus dem 16. Jahrhundert stammende Kruzifix sowie die Grabdenkmäler und Epitaphien der Familie von Woellwarth. Im Ort stehen noch das ehemalige **Degenfelder Schloss,** heute Dorotheenhof, und das **Untere** oder **Woellwarthsche Schloss;** beide Anlagen stammen aus dem 16. Jahrhundert.

■ **Länge:**
12 Kilometer.

■ **Zeit:**
3 bis 4 Stunden.

■ **Höhenunterschied:**
340 Meter.

■ **Empfohlene Karte:**
1 : 50 000 Freizeitkarte 522 Aalen, Landesvermessungsamt Baden-Württemberg.

■ **Grillgelegenheit:**
Bei Lauterburg.

■ **Sonstiges:**
Die Wanderung verläuft auf Naturpfaden und befestigten Feld- und Forstwegen.

■ **Einkehrmöglichkeiten:**
Essingen.

Essingen –
wo die Alb am schönsten ist.

Essingen (465–755 m ü N.N.) bietet hervorragende Möglichkeiten für Freizeit und Erholung: Das ganze Jahr über Erholung pur – beim Radfahren, Wandern und Skifahren. Ausgedehnte Waldgebiete und ein gut ausgebautes Wander- und Radwegenetz laden Sie ebenso ein wie das beliebte Felsenmeer im Wental oder die Weiherwiesen mit den Moorseen auf der Albhochfläche.

Im Winter bietet das Skizentrum Hirtenteich mit drei Schleppliften und einem weiten Langlaufloipennetz ideale Voraussetzungen für den Wintersport. Genießen Sie Erholung und Natur pur am Ursprung der Rems.

Wir sind für Sie da:
Bürgermeisteramt Essingen
Rathausgasse 9
73457 Essingen

Tel.: 0 73 65 / 83-0, Fax 0 73 65 / 83-27
E Mail: gemeinde@essingen.de
www.essingen.de

Vom Hölltal zum Hohenrechberg

Schwäbisch Gmünd – Hohenrechberg –
Reitprechts – Schwäbisch Gmünd

Bei dieser Wanderung steigen wir durch das teilweise recht idyllische Hölltal bei Schwäbisch Gmünd hinauf zur Burg Hohenrechberg und zur Wallfahrtskirche auf dem Rechberg. Nicht nur von der Burg aus, sondern auch von unterwegs haben wir prächtige Blicke in die Umgebung, die mit ihren Bergen, dem Albtrauf, der lebhaft modellierten Landschaft mit Höfen und Dörfern, Wiesen und Wäldern schöner nicht sein könnte.

■ **Ausgangspunkt:**
Parkplatz Hölltal in Schwäbisch Gmünd.

■ **Wegverlauf:**
Am *Parkplatz Hölltal* nehmen wir den mit dem blauen Punkt bezeichneten Weg, der am Bach entlangführt und teilweise recht idyllische Stellen aufweist. Gleichzeitig werden wir vom Geologischen Pfad begleitet, der am Parkplatz beginnt und bis zum Hohenrechberg führt; die Tafeln vermitteln Interessantes über die Gegend.

Es geht zunächst eben, dann aber steigt es steil an. Nachdem wir den Wald verlassen haben, öffnet sich ein schöner Blick auf den vor uns liegenden Rechberg; die Burg ist jedoch noch nicht zu sehen. Auf der Landstraße vor *Metlangen* halten wir uns kurz links, dann geht es nach rechts in den Ort bis zur Reitprechtser Straße, wo wir nach rechts abbiegen. Etwas später biegen wir nach links in die Straße Unter der Ruine ein, die uns weiter hochführt. Bei den ersten Häusern von *Rechberg* orientieren wir uns mit dem Zeichen rotes Kreuz in Richtung »Hohenrechberg«. Später kommen wir an diese Stelle zurück, dann spazieren wir mit dem roten Kreuz den Schloßbühlweg hinab.

Zunächst gehen wir aber zur *Burg Hohenrechberg*. Wer will, kann anschließend noch weiter hochsteigen

bis zur *Wallfahrtskirche Sankt Maria*
auf dem Gipfel.

Ruine Hohenrechberg (644 m)

Der **Rechberg** gehört zusammen mit dem Hohenstaufen und
dem Stuifen zu den drei so genannten Kaiserbergen. Die **Burgruine**
gilt als eine der schönsten des Landes. Sie hat alle Fehden und Kriege
des Mittelalters, des Bauernkrieges
und des Dreißigjährigen Krieges
überstanden – und brannte 1865
durch Blitzschlag aus! Die Geschichte ihrer Besitzer, der Ministerialen-
familie der Herren von Rechberg, ist
eng mit der Stauferzeit verbunden.
Der Stammvater Ulrich wurde 1179
urkundlich im Gefolge Kaiser Friedrich Barbarossas und 1199/1200 bei
König Philipp von Schwaben erwähnt. In der Stauferzeit waren die
Rechberger Marschälle des Herzog-
tums Schwaben und 1601 wurden
sie in den Grafenstand erhoben.
Heute können die Ruine und ein
kleines Museum gegen Eintritt besichtigt werden.

Nach der Besichtigung kehren wir
wieder zu dem oben erwähnten
Abzweig zurück, wo wir nach links
den Schloßbühlweg hinabgehen
und unten nach rechts zu einem
Parkplatz abbiegen. Kurz nach dem
Parkplatz halten wir uns an der Verzweigung rechts und kommen hinab in den Wald. Hier gehen wir bis
zu einer Kreuzung, wo wir, etwas
nach rechts versetzt, unsere Richtung beibehalten, nun mit dem Zei-

chen blauer Punkt. Bald verlassen
wir den Wald, überqueren etwas
später einen Radweg und die Landstraße und kommen dahinter nach
Reitprechts. Gleich nach der Landstraße nehmen wir die nach rechts
abgehende Neubrunnengasse in
Richtung »Schönbronn«.

Etwas später müssen wir uns an
einer Verzweigung entscheiden:
Wir können hier nach links über
Schönbronn weitergehen; nach dieser Ansiedlung nehmen wir den
nach rechts ziehenden, nun unbe-
zeichneten Weg, der uns hinab in
den Wald und zu einem mit blauem
Kreuz markierten Weg bringt, auf
ihm gehen wir nach rechts zurück
zum Parkplatz. Dieser Weg ist bes-

*Auf der Ruine
Hohenrechberg*

ser befestigt und bei feuchtem Wetter angenehmer zu gehen, außerdem kommt man erst später in den Wald und hat somit mehr freie Blicke in die Umgebung.

Eine andere Möglichkeit ist, dass wir uns an der Verzweigung in Reitprechts rechts halten und in Richtung »Hokenschue« laufen. Vor dieser Ansiedlung zweigen wir aber nach rechts ab und kommen durch *Vorder-* und *Hinterhochstett*. Einige Minuten nach den letzten Häusern dürfen wir den nach rechts abknickenden markierten Wanderweg nicht verpassen. Er bringt uns steil hinab ins *Hölltal*.

■ **Länge:**
11 Kilometer.

■ **Zeit:**
3 Stunden.

■ **Höhenunterschied:**
300 Meter.

■ **Empfohlene Karte:**
1 : 50 000 Freizeitkarte 521 Göppingen, Landesvermessungsamt Baden-Württemberg.

■ **Sonstiges:**
Die Tour verläuft auf Natur- und befestigten Waldwegen.

■ **Verkehrsmittel:**
Anreise mit der Bahn möglich: Vom Bahnhof in Schwäbisch Gmünd bis ins Hölltal sind es allerdings (einfach) noch einmal rund 3,5 Kilometer.

■ **Einkehrmöglichkeiten:**
Schwäbisch Gmünd, Hölltal-Gaststätte, Metlangen, Hohenrechberg.

■ **Zum Nachlesen:**
Dieter Buck: Burgen und Ruinen der Schwäbischen Alb. Stuttgart

Die Staufertour: Von Lorch zum Wäscherschlössle

Lorch – Wäscherschlössle – Beutental – Lorch

Bei dieser Tour wandern wir vom Remstal aus durch den Wald hinauf zum traditionsreichen Wäscherschlössle, ein Muss für historisch interessierte Wanderer. Oben auf der Hochfläche haben wir einen prächtigen Ausblick über die leicht hügelige Landschaft und hinüber zum Hohenstaufen. Durch das idyllische Beutental geht es dann zurück zur alten Stauferstadt Lorch, die mit ihrem Kloster ebenfalls viel Interessantes zu bieten hat.

■ **Ausgangspunkt:**
Lorch, Bahnhof.

■ **Wegverlauf:**
Wir spazieren, aus dem Bahnhof in *Lorch* (s. S. 93) herauskommend, erst auf der Poststraße nach rechts bis zur nächsten Querstraße (Gmünder Straße) und dort in derselben Richtung weiter bis zu einer kleinen Grünanlage auf der linken Seite. Hier biegen wir mit dem Wanderzeichen roter Strich nach links ab. Es geht vorbei am Kriegerdenkmal und am Bürgerhaus Schillerschule, dann überqueren wir die Rems und halten uns dahinter rechts (Schießhausstraße). Nach der Stadthalle nehmen wir den nach

links hochziehenden Weg, biegen in die Straße Am Vogelsang nach links ein und gleich darauf nach rechts ab. Nun geht es auf Treppenstufen hoch bis zur nächsten Quer-

Von außen sieht das Wäscherschlössle recht wehrhaft aus.

straße (Bürenbergstra-
ße). Hier geht es nach
rechts und gleich
wieder nach links, kurz
darauf über die B 29
und dahinter über die
Landstraße. Danach
wandern wir im Wald
hoch zu einem breiten
Weg, nach ihm weiter
hinauf in Richtung
»Wäscherschlössle«.
Teilweise sehen wir
jetzt auch das Zeichen
blauer Strich.

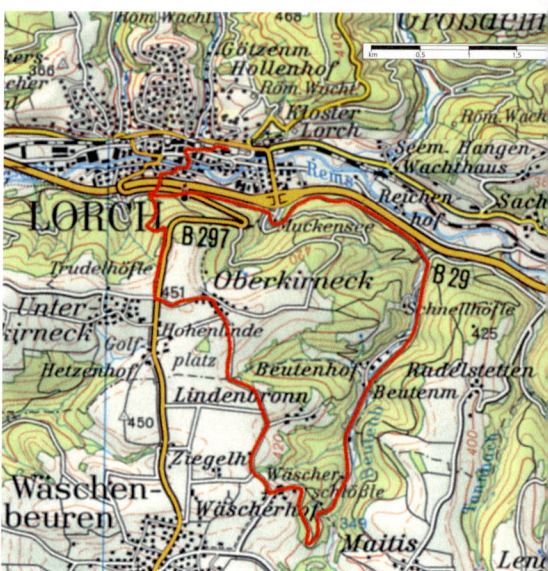

Der Weg zieht nach
links in den Wald und
knickt bald darauf
nach rechts ab. Nach
kurzem Anstieg zieht er nach links
und bringt uns hoch zur Landstraße. Wer möchte, kann den Waldweg auch auf dem nach links abgehenden Pfad, markiert mit dem
blauen Strich, abkürzen. An der
Landstraße orientieren wir uns
nach rechts und marschieren bis
nach dem ersten Haus, danach biegen wir nach links ab Richtung
Oberkirneck. Im Ort gehen wir nach
der Bushaltestelle nach rechts in die
Wäscherhofstraße.

Nun spazieren wir über eine
aussichtsreiche und lebhaft model-
lierte Hochfläche. Nach dem Golf-
platz zieht die Straße nach links,
vorbei am Hang und am Wald. Am
Abzweig zum Weiler *Lindenbronn*
biegen wir nach rechts ab und kommen zum *Wäscherhof*. Hier halten

wir uns links und kommen so zum
Wäscherschlössle.

Wäscherschlössle (436 m)

Das 1220 bis 1250 erbaute
Wäscherschlössle gehört zu einem in Süddeutschland ungewöhn-
lichen Burgentyp, der in der Art
eines Kastells erbaut wurde. Eine
hohe Buckelquadermauer schließt
den Innenhof ab. Einer hübschen
Sage nach verdankt das Wäscherschlössle seinen Namen einer Lieb-
schaft Kaiser Friedrich I. Barbarossas mit einer Wäscherin; wahr-
scheinlicher jedoch ist, dass der
Name von Konrad dem »Wascher«
kommt, der zur Burgmannschaft
auf dem Hohenstaufen gehörte. Ab
1338 war die Burg Eigentum der
Herren von Rechberg. Umbau-

maßnahmen fanden im 15. Jahrhundert statt. 1465 gelangte sie an das Haus Österreich, das sie als Lehen vergab. Heute sind in der Burg ein Heimatmuseum und eine Staufergedächtnisstätte untergebracht.

Unterhalb der Burganlage nehmen wir das steil bergab führende Sträßchen ins *Beutental*. Wir kommen an einer Gaststätte vorbei, danach an der *Beutenmühle*. Hier kann, wer möchte, ein Stück auf dem links des Sträßchens über den *Beutenhof* verlaufenden Weg gehen, der aber später wieder auf den Hauptweg einmündet. Kurz nachdem von links das Sträßchen vom Schnellhöfle eingemündet ist, halten wir uns an der Verzweigung links.

Bald verlassen wir den Wald. Wer will, spaziert nun auf dem Sträßchen zurück zum Bahnhof nach *Lorch*. Man kann aber auch den nach links abzweigenden Pfad in Richtung »Muckensee« (blauer Punkt) nehmen. Nach einiger Zeit folgen wir dem Zeichen an einer Verzweigung nach links und kommen an die Südseite des *Muckensees*. Auch hier haben wir zwei Möglichkeiten: Man kann entweder direkt am Seeufer entlang zum Parkplatz und danach auf der Straße zurück nach Lorch gehen – oder man spaziert auf dem breiten, mit dem Wanderzeichen markierten Waldweg weiter, bis man auf jenen Abzweig trifft, an dem wir zu Anfang der Wanderung von der Stadt

hochgekommen sind. Hier gehen wir dann nach rechts auf bekanntem Weg zurück.

■ **Länge:**
11 Kilometer.

■ **Zeit:**
2 $\frac{1}{2}$ Stunden.

■ **Höhenunterschied:**
200 Meter.

■ **Empfohlene Karte:**
1 : 50 000 Freizeitkarte 521 Göppingen, Landesvermessungsamt Baden-Württemberg.

■ **Sonstiges:**
Die Wanderung verläuft vorwiegend auf befestigten, zum Teil asphaltierten Wegen. Man kann sie daher auch mit dem Fahrrad in Angriff nehmen, muss dann aber das Rad anfangs über einige Treppen tragen.

■ **Verkehrsmittel:**
Bahn.

■ **Einkehrmöglichkeiten:**
Wäscherhof, Beutental, Muckensee, Lorch.

■ **Zum Nachlesen:**
Dieter Buck: Burgen und Ruinen der Schwäbischen Alb. Stuttgart 2000.

Vom Remstal zu den Klingen und Felsen im Naturpark Schwäbisch-Fränkischer Wald

Lorch – Schelmenklinge – Schillergrotte – Hohler Stein – Schweizerbachtal – Lorch

Bei dieser Wanderung besuchen wir drei der zahlreichen berühmten Klingen und Felsformationen im Naturpark Schwäbisch-Fränkischer Wald. Ausgangspunkt ist das ehemalige Kloster Lorch, dem wir auch einen Besuch abstatten sollten. Spannend für Kinder ist die Schelmenklinge, in der einige Miniaturmühlen und ähnliche interessante Dinge aufgebaut sind. Auch der Bach selbst lockt zum Spielen – weitsichtige Eltern haben trockene Ersatzkleidung eingepackt!

■ **Ausgangspunkt:**
Kloster Lorch.

■ **Wegverlauf:**
Wir parken direkt beim *Kloster* (s. S. 92) oder am danach kommenden Wanderparkplatz. Wer nach der Wanderung noch grillen möchte, nimmt am besten den Parkplatz Schelmenklinge.

Zunächst folgen wir dem gegenüber der Klosterzufahrt abgehenden Weg, der mit einem roten Strich markiert ist. Er bringt uns zu einem Asphaltsträßchen, dem wir in Richtung »Schelmenklinge« folgen. Nach dem Parkplatz Schelmenklinge und dem Sportplatz zweigen wir nach rechts in den Wald ab (»Hollenhofweg«). Wir ignorieren den bald nach links in Richtung »Welzheim« abgehenden Weg und spazieren geradeaus weiter, bis wir nach rechts zur »Schel-

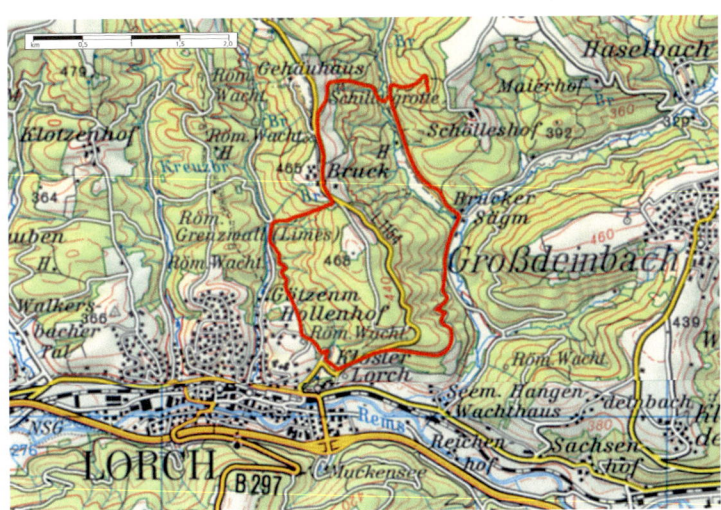

menklinge« verwiesen werden. Nun beginnt für mitwandernde Kinder der interessanteste Teil des Ausflugs.

Die **Schelmenklinge** weist mächtige Sandsteinfelsen mit mehr als zwölf Metern Höhe auf. Der kleine Wasserfall wurde von Menschenhand geschaffen, auch den Bach zwängte man künstlich in sein enges Bett. Es wurden zahlreiche Mühlen und Ähnliches in den Bach gestellt. Es klappert, knackt, schlägt und pfeift allenthalben: Man sieht Wasser- und Mühlräder, einen Ballaufzug oder auch Angler und Zecher in einer Waldschenke, die sich – mechanisch angetrieben – zuprosten.

Nach einem wilden Abschluss mit einem kolossalen Felsungetüm geht

Die Schillergrotte ist ein urwüchsiges Stück Natur.

Auf dem Weg zur Schillergrotte

mächtige mit Moos, Farn und Efeu bewachsene Felsbrocken. Insgesamt besitzt die ganze Umgebung einen recht wilden Charakter. Die Grotte ist, wie so viele im Schwäbisch-Fränkischen Wald, durch Ausspülung und Frostsprengung entstanden. Von dem riesigen Dach kommt ein Wasserstrahl herab; er schneidet sich immer mehr in den Fels hinein.

Ihren Namen erhielt die Grotte erst Ende des 19. Jahrhunderts – vielleicht weil Friedrich Schiller als Kind einige Jahre in Lorch gelebt hat.

Es geht noch ein bisschen abwärts, an der Verzweigung halten wir uns rechts und treffen danach auf einen breiten Waldweg. An dieser Stelle biegen wir nach links ab. Nach dem *Moltenwaldbrunnen* überqueren wir den Bach und kommen zu einem Querweg, hier halten wir uns links in Richtung »Hohler Stein«. Gleich danach geht es auf einem Pfad rechts den Berg hinauf. Kurz vor dem Hohlen Stein können wir einen Abstecher nach rechts zum »Elefanten« machen, einem mächtigen Felsbrocken. Dann geht es in wenigen Minuten zum *Hohlen Stein*.

Der **Hohle Stein** ist eine gewaltige Höhle im Stubensandstein, die gleich wie die Schillergrotte durch Ausspülung und Frostsprengung entstanden ist. Der Höhlensandstein ist grobkörnig mit einer einheitlichen Körnung, aber verschieden harten Lagen. Der Bach findet

es steil hinauf zur Straße. Hier orientieren wir uns links und spazieren an der Straße entlang, zum Teil mit prächtigem Blick zur Schwäbischen Alb mit den Kaiserbergen. Kurz nach *Bruck* liegt links der Straße ein Parkplatz, hier geht der Weg zur Schillergrotte nach rechts ab. Er zieht erst am Waldrand entlang, dann nach rechts in den Wald und steil hinab zu der *Grotte*.

Die **Schillergrotte** (400 m) ist eine schöne, symmetrische Grotte am felsigen oberen Teil einer Schlucht mit 25 Meter langen Felsenflügeln; um sie herum liegen zahlreiche im harten Dach der Grotte einen starken Widerstand, so dass er hier nur eine flache Rinne eingesägt hat, in den darunter liegenden, weicheren Lagen hat er sich jedoch wieder stärker eingegraben.

Anschließend kehren wir zurück ins Tal zu dem breiten Forstweg, dem wir nach links folgen. Entlang des Mühlbachs kommen wir zur *Brucker Sägemühle,* hier biegen wir nach rechts ab und spazieren ein Stück durch das idyllische *Schweizerbachtal.* Kurz darauf zweigen wir nach rechts ab in den Hermann-Löns-Weg, der uns sanft ansteigend zurück zum *Kloster* in Lorch bringt.

In der Schelmenklinge gibt es mächtige Felsformationen.

- **Länge:**
  9 Kilometer.

- **Zeit:**
  3 Stunden.

- **Höhenunterschied:**
  350 Meter.

- **Empfohlene Karte:**
  1 : 50 000 Freizeitkarte 521 Göppingen, Landesvermessungsamt Baden-Württemberg.

- **Grillgelegenheit:**
  Parkplatz Schelmenklinge.

- **Sonstiges:**
  Die Wanderung verläuft zum Teil auf Naturpfaden, die bei Nässe rutschig sein können. Man unternimmt die Tour am besten im Früh-

jahr, wenn die Bäume frisches Grün tragen oder im Herbst, wenn die Blätter bunt und zum Teil schon abgefallen sind – dann ist es in den engen Klingen nicht mehr ganz so dunkel wie im Sommer.

- **Verkehrsmittel:**
  Bahn bis Lorch. Von dort aus muss man zum Kloster aufsteigen.

- **Einkehrmöglichkeiten:**
  Lorch.

Von Schorndorf über die Berglen ins Wieslauftal

Schorndorf – Schornbach – Streich – Krehwinkel – Michelau – Haubersbronn – Schorndorf

Diese Tour ist sowohl als ausgedehnte Wanderung als auch mit wenigen Änderungen als kurze Radtour möglich, je nach Vorliebe – die Steigungen sind jedes Mal dieselben. Sie führt uns von Schorndorf hinauf auf die Höhen der nicht umsonst so genannten Berglen, danach hinab ins liebliche Wieslauftal, wo wir die historische Ölmühle zumindest von außen besichtigen und die Erklärungstafel lesen können. Dann geht es auf dem Radweg zurück.

■ **Ausgangspunkt:**
Schorndorf.

■ **Wegverlauf:**
Wir beginnen die Tour in *Schorndorf* auf der Nordseite des Bahnhofs. Als Wanderzeichen orientieren wir uns fürs Erste am blauen Strich und nehmen die etwas nach rechts versetzte Vorstadtstraße, die uns zur Benzstraße bringt. Hier halten wir uns links, überqueren die Rems und unterqueren gleich darauf die Durchgangsstraße. Nun spazieren wir immer geradeaus weiter und verlassen den Ort. Unter der großen Brücke der B 29 geht es kurz nach links, dann nach rechts weiter. Etwas später beschreibt der Weg eine »Zacke« nach links. Ihm immer weiter folgend kommen wir nach *Schornbach*.

Hier gehen wir auf der Durchgangsstraße nach links. Gleich danach sollten wir die Schmuckplastiken an dem Haus links beachten. Etwas später an der Verzweigung halten sich Radfahrer nach rechts und fahren über *Buhlbronn* nach *Streich*. Wanderer gehen noch ein Stück geradeaus und biegen nach der Linkskurve nach rechts in die

Streicher Straße ein. Wir achten immer auf das Zeichen, nach einer Reihe von Parkplätzen weist es uns nach rechts. Kurz darauf verlassen wir den Ort und kommen durch Baumwiesen in den Wald. Der Weg steigt stetig an, und kurz nachdem wir den Wald verlassen haben, erreichen wir *Streich*, das wir geradeaus durchwandern.

Nach dem Ort spazieren wir immer entlang der Straße auf dem Gehweg nach *Vorderweißbuch,* auch dahinter behalten wir unsere Richtung bei bis zum Abzweig der Straße in Richtung »Rudersberg«.

Nun geht es bergab. Während Radfahrer auf der Straße bleiben, können Wanderer den bald darauf nach rechts abzweigenden Weg nehmen, der geradeaus hinab nach *Krehwinkel* führt und vor einer mächtigen Linde endet. Wir gehen dann durch Krehwinkel hindurch bis zur Winnender Straße, in die wir nach links einbiegen. Gleich darauf geht es auf der Teichstraße weiter nach *Asperglen.* Wir gehen durch diesen Ort auf der nach links ziehenden Durchgangsstraße hindurch bis ins *Wieslauftal.* Etwa in der Mitte zwischen Asperglen und Michelau biegen wir auf dem asphaltierten Weg

nach rechts ab zu den kleinen Häuschen, eines davon ist die *Ölmühle.*

In der **Ölmühle Michelau** sind frühindustrielle Maschinen zur Speiseölgewinnung zu besichtigen. Außen sieht man noch ein großes Mühlrad, daneben befindet sich ein Bauerngärtchen. Die Mühle ist durch Tafeln erklärt.

Links von der Mühle geht der Radweg weiter, den wir auch als Wanderweg benutzen; im Prinzip müssen wir jetzt nur noch den Radweg schildern folgen. Wir kommen an der Kläranlage vorbei, dann müssen

In den Weinbergen um Schorndorf sind viele pittoreske Weinberghäuschen zu sehen.

wir am Anfang von *Miedelsbach* nach den Sportanlagen nach rechts, hinter der Wieslauf nach links abbiegen. Kurze Zeit später überqueren wir vor den Anwesen die Wieslauf wieder, gehen dann direkt nach den nächsten Häusern rechts entlang der Wieslauf nach *Haubersbronn,* wo wir auf der Straße An der Wieslauf wandern.

Haubersbronn (259 m)

In der evangelischen **Pfarrkirche** von 1470/80 findet man ein beachtenswertes spätgotisches Tympanon mit dem Lamm Gotttes (1210/20). Die Kanzel stammt von 1727/28, die Orgel von 1788.

Vor dem Wehr (links sehen wir den Kirchturm über den Häusern hervorlugen) überqueren wir das Flüss-chen wieder und nehmen dahinter die nach links führende Bruckgasse. Auf ihr verlassen wir den Ort und biegen etwas später nach einem Umspannhäuschen mit dem Radwegschild nach links ab. Bald darauf unterqueren wir das mächtige Brückenbauwerk der B 29. Nun ist der Verlauf des Radweges nicht mehr aus der amtlichen Karte zu erkennen, dafür ist die Strecke zur »Stadtmitte« gut beschildert. Vor den Gewerbeanwesen halten wir uns rechts und gehen zwischen ihnen und den Sportplätzen hindurch. Wir überqueren zweimal einen Arm der Rems und gehen schließlich neben einem anderen bis zu den ersten Häusern von *Schorndorf*. Hier folgen wir dem Weg nach rechts und gehen immer geradeaus bis zur S-Bahn-Station.

■ **Länge:**
21 Kilometer.

■ **Zeit:**
5 Stunden als Wanderung,
2 Stunden als Radtour.

■ **Höhenunterschied:**
150 Meter.

■ **Empfohlene Karte:**
1 : 50 000 Freizeitkarte 521
Göppingen, Landesvermessungsamt
Baden-Württemberg.

Sonstiges:
■ Wir benutzen bis auf den
Anstieg zwischen den Orten Schornbach und Streich (für Wanderer) be-
festigte Wege und kleine Landsträßchen.

*Die Ölmühle Michelau kann zu
bestimmten Zeiten auch besichtigt
werden.*

■ **Verkehrsmittel:**
S-Bahn.

■ **Einkehrmöglichkeiten:**
Schorndorf, Asperglen, Haubersbronn.

**Schwäbische
Wirtschafts-Wunder**

Ein gutes Dutzend uriggemütlicher
schwäbischer Gastwirtschaften im
Remstal und der Umgebung in reich
bebilderten Reportagen.

*Texte von Renate Seibold-Völker,
Michael Städele und Andreas Krohberger.
Fotos von Gaby Schneider und Hardy Zürn.
96 Seiten, 130 Schwarzweißfotos, fester
Einband. ISBN 3-87407-387-4*

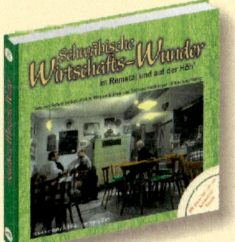

In Ihrer Buchhandlung

**Hardy Zürn:
Das Remstal**

Eine bunte Reise entlang der Rems von
Lorch bis Neckarrems – der Bildband
zum Remstal.

*Texte von Michael Städele.
Deutsch, english, français. 100 Seiten,
113 Farbfotos, fester Einband.
ISBN 3-87407-563-X*

Silberburg-Verlag

Von Schorndorf an den Rand der Berglen

Schorndorf – Bauersberg – Geradstetten

Bei dieser Wanderung spazieren wir erst unterhalb des mit Wein bewachsenen Grafenbergs, dann hoch in den Wald zum Königsstein. Schließlich kommen wir nach Bauersberg, von wo aus wir auf aussichtsreichen Wegen hinab nach Geradstetten wandern.

■ **Ausgangspunkt:**
Schorndorf.

■ **Wegverlauf:**
Wir beginnen unsere Wanderung beim Bahnhof in *Schorndorf* auf der Nordseite der Bahnanlage, wo wir uns zunächst links halten. Am Kreisverkehr biegen wir nach rechts ab, überqueren die Rems und nehmen dahinter die nach rechts abgehende Mittlere Uferstraße. Sie bringt uns zu einer Ampel vor der Durchgangsstraße; früher, vor dem Bau der Umgehungsstraße, schlängelte sich hier der Verkehr durch die Stadt. Dahinter nehmen wir den Grafenbergweg, der uns direkt auf den mit Wein bewachsenen *Grafenberg* zuführt. Nach den Häusern zieht der Weg etwas nach rechts, wir überqueren

die Bundesstraße und gehen dahinter auf dem mit dem roten Kreuz markierten Weg (Grafenhalde) nach links.

Nach einiger Zeit kommt von links nochmals ein Weg von einer Brücke über die Bundesstraße, gleichzeitig führt der markierte Wanderweg nach rechts. Allmählich steigt er an und bringt uns in den Wald. Er zieht nach links, und kurz nachdem von links ein anderer Weg eingemündet ist, weist uns das Zeichen nach rechts vom geradeaus weiterführenden Weg ab. Nach einer weiteren Linkskurve kommen wir am *Forstbrunnen* vorbei, danach stoßen wir an einem mächtigen *Mammutbaum* auf einen querenden Weg. Hier halten wir uns links. Etwas später beschreibt unser Weg eine scharfe

Linkskurve und bringt uns zum *Königsstein* (s. S. 35).

Wir biegen vor dem Denkmal nach rechts ab und folgen weiterhin dem roten Kreuz; es geht erst hoch, dann nach einer Linkskurve relativ eben weiter bis zur Landstraße. Etwas nach links versetzt nehmen wir den auf der anderen Seite weiterführenden Weg. Ein letzter Anstieg bringt uns zu den *Hößlinswarter Sportplätzen*. Nach dem letzten Sportplatz biegen wir nach links ab und gehen hinab bis zum Waldrand. Hier biegen wir nach rechts ab und spazieren, vorbei an einigen informativen Lehrpfadschildern, bis zum Schild »Fressschädlinge«, wo wir nach links abbiegen. Es geht nun bis zu einem Querweg beim Schild »Weinbergsbindeweiden«, hier halten wir uns rechts und kommen zu einem Parkplatz.

Rechts geht es nach *Bauersberg*, wir halten uns aber links. Wo es etwas später nach rechts zum »Rollhof« geht, orientieren wir uns nach links, am nächsten Querweg halten wir uns rechts und spazieren hinab bis zu einer Kreuzung. Hier biegen wir vor dem ovalen Sandbehälter nach links ab. Mit einigen Windungen geht es nun, vorbei am Friedhof, hinab nach *Geradstetten*,

Weinreben – wohin man blickt!

Weinberge oberhalb von Geradstetten

wo wir auf die Kirche zuhalten. Unterhalb von ihr liegt die Durchgangsstraße. Etwas östlich gehen wir auf der Rathausstraße nach Süden, unterqueren die Bundesstraße und überqueren die Rems. Dahinter kommen wir zu verschiedenen Sportanlagen. Wir bleiben nach der Rems auf der linken Seite, gehen über den Parkplatz und auf der Badstraße mit wenigen Schritten bis zum *Bahnhof.*

■ **Länge:**
14 Kilometer.

■ **Zeit:**
4 Stunden.

■ **Höhenunterschied:**
200 Meter.

■ **Empfohlene Karten:**
1 : 50 000 Freizeitkarte 521 Göppingen, Landesvermessungsamt Baden-Württemberg.

■ **Sonstiges:**
Die Wanderung verläuft auf befestigten Forstwegen, durch die Weinberge auf asphaltierten Sträßchen.

■ **Verkehrsmittel:**
S-Bahn.

■ **Einkehrmöglichkeiten:**
Schorndorf, Geradstetten.

Über die Buocher Höhe

*Winterbach – Königstein – Buoch –
Hörnleskopf – Kleinheppacher Kopf –
Kleinheppach – Endersbach*

**Diese Wanderung bringt zwar einiges an Anstieg mit sich, bietet aber
auch viel. Sie führt uns vom Remstal auf die aussichtsreiche Buocher
Höhe. Man durchwandert schöne Wälder, kommt zu herrlichen Aussichtspunkten, durchstreift Weinberge, Baumwiesen und sieht in den
Orten noch das eine oder andere bemerkenswerte Gebäude.**

■ **Ausgangspunkt:**
Winterbach.

■ **Wegverlauf:**
Wir starten in *Winterbach* (s. S.
46) an der Nordseite des Bahnhofs
und gehen zunächst zur Kirche – ein
mächtiges Bauwerk, eine richtige
Kirchenburg – und durch den Kirchhof hindurch auf die Durchgangsstraße. Hier wenden wir uns nach
rechts und spazieren mit dem blau-
en Punkt in Richtung »Stuttgart«
aus dem Ort hinaus. Wir überqueren erst die *Rems,* dann die *B 29.*
Gleich dahinter zweigen wir nach
rechts ab. Hier sehen wir eine alte
Grubbank (s. S. 42).

Etwa 300 Meter weiter, am dritten nach links abgehenden Weg,
führt der Wanderweg nach links

weiter, hinein in ein schönes Landschaftsschutzgebiet mit Wiesen,
Obstbäumen und Äckern. Nach
wenigen Minuten kommen wir zu
einer Verzweigung bei einem ge-
mauerten Rundbogenunterstand;
hier orientieren wir uns rechts. Der
Weg steigt nun an und bringt uns in
weiten Bögen bis zu einem Querweg auf der Höhe, nun biegen wir
nach links ab und sind bald darauf
bei einer Wegspinne am *Königsstein.*

Der **Königsstein** trägt die Inschrift: »Zum Andenken an die Ver-
mählungsfeier des hohen Paares
Karl Olga / Die Karlshöhe im Son-
nenschein / Gewidmet von Revier-
förster Lutz aus Geradstetten / Den
13. Juli 1846«. Karl, Sohn König

Wilhelms I., war mit der russischen Großfürstin Olga verheiratet, er regierte von 1864 bis 1891.

Es geht – nun mit dem roten Kreuz – geradeaus weiter, vorerst bergauf. Auf der Höhe, an der Verzweigung, wandern wir, unserem Zeichen folgend, geradeaus weiter. Der Weg zieht nach links und gemütlich etwas abwärts spazierend kommen wir zur Landstraße; dahinter geht es in derselben Richtung weiter zu den Sportplätzen. Zwischen den Tennisplätzen gehen wir nach links etwas abwärts zum Waldrand, wo uns eine herrliche Aussicht ins Remstal und zum Schurwald erwartet. Sie wird durch eine Tafel erklärt.

Wir wandern am Waldrand entlang nach rechts weiter bis zu einem querenden Weg an einer Sitzgruppe, hier gehen wir nach rechts in den Wald zurück, wo wir bei einem Schutzdach wieder auf den Weg mit dem roten Kreuz stoßen. Wir biegen links ab und verlassen bald den Wald. Bei dem Spielplatz, der links vom Weg liegt, befindet sich eine Feuerstelle. Wer also grillen möchte, kann hier eine erste Rast einlegen. An der Verzweigung halten wir uns links und kommen so nach *Buoch*, das wir, immer geradeaus gehend, durchqueren. Nach der Durchgangsstraße kommt das »Museum im Hirsch«, dahinter zwei »Dichterhäuser«.

Buoch (506 m)

Das 1270 erstmals urkundlich erwähnte Dorf liegt auf einer Rodungsinsel hoch über dem Remstal. Hier wurde im Mittelalter qualitativ hochwertige Keramik von, wie es heißt, »mediterraner Qualität«

produziert. Der Ort war bis ins 15. Jahrhundert hinein der älteste Pfarrbezirk der Berglen: Deshalb wurden die Toten der umliegenden Orte beispielsweise von Schornbach, Buhlbronn, Steinach oder Oppelsbohm in Buoch beerdigt, es gab deshalb auch mehrere »Totenwege« hierher.

Die Ursprünge der **evangelischen Kirche Sankt Sebastian** gehen noch in romanische Zeit zurück, der heutige, spätgotische Bau wurde um 1500 erbaut. Innen befindet sich ein spätgotischer Taufstein, ein Kruzifix (Ende 17. Jh.), ein hölzernes Epitaph (17. Jh.) und ein Orgelprospekt von 1766. Die Fenster stammen von dem im Dorf lebenden Glaskünstler Professor Hans Gottfried von Stockhausen. Am 1732 erbauten **Pfarrhaus** sieht man das Wappen des Konstanzer Domkapitels.

Buoch war im 19. Jahrhundert eine kleine »Dichtermetropole«; hier wirkten und lebten zeitweise die Dichter **Eduard Hiller, Hermann Kurz, Karl Mayer, Ottilie Wildermuth, Nikolaus Lenau** und andere. Hinter dem Museum steht das Haus, in dem Hermann Kurz (1813–1873) seinen Roman »Schillers Heimatjahre« schrieb. Etwas weiter befindet sich das Haus, in dem der Dichter Eduard Hiller (1818–1902) ab 1869 wohnte. Im **»Museum im Hirsch«** sieht man eine ständige Ausstellung zu den Themen »Dichter in Buoch« und »Keramik im Mittelalter«.

Der **»Buocher Horizont«** – die Buocher Kirchturmspitze – war bis Ende des Zweiten Weltkriegs ein bei Landvermessern bekannter Dreieckspunkt. Zur Aussicht von der Buocher Höhe wurde 1850 in der Beschreibung des Oberamts Waiblingen geschrieben:»Am Schönsten aber ist die Aussicht von Buoch, wo man nicht nur das ganze Panorama der schwäbischen Alp und ihrer Vorterrasse, sondern auch einen großen Theil des schwäbischen Unterlandes mit ihrem Hintergrund überblickt, während zu den Füßen das fruchtbare Remsthal mit seinen Weinhügeln und Obstbaumwäldern wie ein Garten ausgebreitet liegt.«

Am Ortsende von Buoch geht es noch kurz über ein aussichtsreiches Wiesenstück und dann in den Wald. Der markante Baum am Waldrand ist übrigens ein Mammutbaum.

Mammutbäume, auch Wellingtonien genannt, wurden erst 1850 in der Sierra Nevada entdeckt. Die Entdeckung erregte ein derartiges Aufsehen, dass der Baum von den Engländern nach ihrem Nationalheiligen »Wellingtonia«, von den Amerikanern »Washingtonia« benannt wurde. Die ersten Bäume kamen 1853 nach Europa, in Württemberg ließ König Wilhelm I. Samen in der Wilhelma aussäen. Die Topfpflänzchen wurden 1865 an die Staatswaldungen im Land verteilt, um zu erproben, ob dieser

Das Museum in Buoch ist in einem alten Fachwerkhaus untergebracht.

Baum auch in unseren Wäldern heimisch wird. In Amerika gibt es 4000 Jahre alte Mammutbäume, die bis zu 120 Meter hoch sind und einen Durchmesser von über 15 Metern besitzen.

Wir gehen geradeaus weiter, vorerst steil bergab. Nach einiger Zeit kommen wir zur *Kreuzeiche* mit Hütte, Spiel- und Grillplatz. Wir marschieren mit dem blauen Punkt rechts am Spielgelände vorbei und halten uns an den nächsten beiden Verzweigungen geradeaus. Nach etwa 400 Metern (Waldabteilungsschild »1 Waiblinger Seite 4 Rotstaigle« und »Rundweg 2«) führt der mit rotem Strich und Punkt markierte Weg nach links. Wo kurz darauf der mit rotem Strich markierte

Weg nach links in ein Waldstück mit dunklen Nadelbäumen weist, gehen wir geradeaus weiter. Aber auch unser Weg knickt bald darauf nach links ab, leicht bergab gehend kommen wir zu einem querenden Weg. Hier müssen wir links weitergehen; vorher sollten wir aber noch einen kurzen Abstecher nach rechts zum aussichtsreichen *Hörnleskopf* machen. Was man von dort aus alles sehen kann, ist auf Tafeln erklärt.

Anschließend gehen wir zurück, bleiben am Abzweig auf diesem Weg und steigen bald steil bergab bis zu einer Wegspinne mit einem Unterstandsdach. Hier geht es mit dem roten Strich geradeaus weiter; nachdem wir etwas bergauf gegangen sind, zweigt der markierte Weg nach rechts ab. Der Wegverlauf wird nun etwas kompliziert, ist aber gut markiert. Etwas später werden wir nach links verwiesen und, immer dem Zeichen folgend, kommen wir bald zum *Kleinheppacher Kopf.*

Auf dem **Kleinheppacher Kopf** (440 m) befindet sich ein Gedenkstein der Waiblinger Segelflieger, der an einen 304 Kilometer langen Rekordflug nach Pilsen am 24. April 1938 erinnert. Hier hat man eine herrliche Aussicht, vor allem ins Remstal und zum Schurwald, dahinter ahnt man die Höhenzüge der Schwäbischen Alb. Es gibt Gedenksteine, Schutzhütten, Spielplatz, Liegewiese und Feuerstelle – ideal für eine ausgedehnte Pause! Hier und in der Umgebung findet man, wie auch auf dem Korber und dem Hörnleskopf, eine als »Steppenheide« bezeichnete trockenheitsliebende Pflanzengesellschaft. Unter anderem wachsen in dem Gebiet Bergastern, Blutroter Storchschnabel oder Hirschwurz.

Der Wanderweg geht auf dem Sträßchen zwischen Wiese und Weinberg weiter. Wir wandern erst ein paar Minuten nach Osten bis zu einem querenden Sträßchen, wo wir nach rechts abbiegen. Es geht an einem Gehölz vorbei – danach kommt ein eigenwilliger Unterstand aus Felsbrocken – bis zur nächsten Straße; hier biegen wir nach links ab, am nächsten Querweg am Brunnen nach rechts. Nun mar-

schieren wir abwärts bis zum *Rastplatz Trollingerruhe* an einem Regenauffangbecken; hier wenden wir uns nach links nach *Kleinheppach,* dessen Ortskern mit den alten Häusern und der Kirche mit dem hohen, spitzen Dach uns schon längst einladend gegrüßt hat.

Kleinheppach (258 m)

»Klein-Heppach liegt in einem sehr freundlichen Seitenthälchen der Rems …«
Beschreibung des Oberamts Waiblingen, 1850

Im ehemaligen Rathaus befindet sich das Steinzeitmuseum Reinhard mit über 4000 Funden aus der Alt-,

Bald ist Lesezeit.

Mittel- und Jungsteinzeit. Gesammelt wurden sie seit 1928 vom Hobby-Archäologen Eugen Reinhard.

Es geht an den ersten Häuser und am Friedhof vorbei, dann nach rechts zur Kirche. Nun spazieren wir auf der Durchgangsstraße etwas nach rechts, gleich aber nach links auf der Endersbacher Straße in Richtung »Beinstein Mehrzweckhalle«. Immer geradeaus gehend, vorbei an dem Gasthof, einem Fachwerkgebäude, verlassen wir den Ort und kommen, nachdem wir die Starkstromleitungen unterquert haben,

Der Königsstein erinnert an König Karl und Königin Olga.

zum *Wolfshof*. Hier, an der querenden Straße, geht es etwas nach rechts versetzt in derselben Richtung weiter. Am Ortsanfang von *Endersbach* (s. S. 41) überqueren wir die Rems, unterqueren nach dem Industriegebiet die B 29, gehen dahinter etwas nach links und gleich nach der Tankstelle nach rechts. Kurz darauf sind wir am *Bahnhof*.

- **Länge:**
  19 Kilometer.

- **Zeit:**
  5 Stunden.

- **Höhenunterschied:**
  300 Meter.

- **Empfohlene Karten:**
  1 : 50 000 Freizeitkarten 520 Stuttgart und 521 Göppingen, Landesvermessungsamt Baden-Württemberg.

- **Grillgelegenheit:**
  Vor Buoch, Kreuzeiche, Kleinheppacher Kopf.

- **Sonstiges:**
  Die Wanderung verläuft vorwiegend auf befestigten Wegen. Sie berührt einige interessante Lehrpfade.

- **Verkehrsmittel:**
  S-Bahn.

- **Einkehrmöglichkeiten:**
  In den Orten unterwegs.

Blütenpracht und frisches Grün

Endersbach – Strümpfelbach – Schanbach – Krummhardt – Manolzweiler – Winterbach

Dem Naturfreund von der berühmten Kirschbaumblüte im Remstal zu erzählen, ist wohl nicht nötig. Unternimmt man diese Tour in den Monaten April und Mai, kann man die Bäume in ihrer vollen Blütenpracht erleben. Außerdem erwandern wir ein schönes Stück Schurwald, der gerade in dieser Jahreszeit durch sein herrlich frisches Grün bezaubert. Als Zugaben bietet die Tour noch einiges an Fachwerkromantik und prächtige, weite Aussichten.

■ **Ausgangspunkt:**
Endersbach.

■ **Wegverlauf:**
Wir nehmen am Bahnhof die nach Süden führende Theodor-Heuss-Straße, unser Zeichen ist vorerst das blaue Kreuz.

Endersbach (241 m)

»Endersbach ist ein ansehnliches Dorf, dessen 155 Haupt- und 270 Nebengebäude von der Wohlhabenheit eines großen Theiles der Einwohner zeugen.«
Beschreibung des Oberamts Waiblingen, 1850

Die Siedlungsgeschichte des Ortes reicht bis in die Steinzeit zurück, auch aus römischer und alamannischer Zeit hat man Funde gemacht. Der 1278 als Andrespach erstmals erwähnte Ort gelangte wahrscheinlich vor 1250 zusammen mit Schorndorf an Württemberg. 1261 wurde eine Burg bezeugt, die 1291 von Graf Albrecht von Hohenberg im Krieg gegen Graf Eberhard den Erlauchten von Württemberg zerstört wurde. 1707 lagerten die Franzosen hier nach einem Übergang über den Neckar.

Die spätgotische **Pfarrkirche** von 1469 besitzt einen wuchtigen Chorturm, der im Mittelalter als Wehrturm diente. 1730 wurde sie barockisiert. Innen sieht man eine Stuckdecke, eine Kanzel von 1592, einen Taufstein aus der Zeit um 1460 und ein bemaltes Holzepitaph

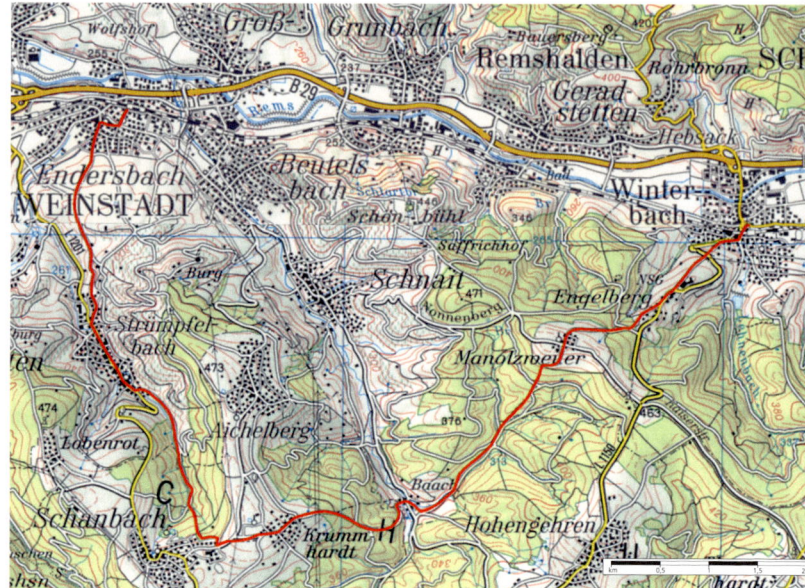

von 1612. Im Ort befinden sich außerdem noch einige sehenswerte **Fachwerkhäuser.**

Hinter der Raiffeisenbank gehen wir auf dem zweiten Sträßchen nach rechts; nach der Kirche orientieren wir uns links. Auf der »Traubenstraße« spazieren wir geradeaus aus dem Ort hinaus. Zunächst am Ortsende und etwas später in den Feldern sehen wir zwei alte »Grubbänke«.

Grubbänke dienten früher dem Absetzen von Lasten, ihr Name kommt von »ausgruben« (ausruhen). Sie besitzen meist einen höheren Teil zum Absetzen der auf dem Kopf getragenen Last und einen niedrigeren, auf dem man sonstiges Gepäck ablegen oder sich hinsetzen konnte. Man findet sie meist vor oder nach Steigungen.

Vorbei an der Kelter kommen wir nach *Strümpfelbach.* Durch das Neubaugebiet gehen wir zur Durchgangsstraße und dieser nach links folgend in den romantischen alten Stadtkern. In der Ortsmitte steht das arkadengeschmückte Rathaus inmitten prächtiger Fachwerkhäuser.

Strümpfelbach (296 m)

»Auf beiden Seiten befinden sich Weinberge, namentlich aber ist die Sommerseite mit Reben ganz überdeckt bis gegen den Wald hin am

Ende des Thales, indeß die entgegengesetzte der Obstzucht gewidmet ist und im Frühling das Thal auf das Freundlichste schmückt. … Die Einwohner sind stark und groß, geistig angeregt, zur Musik geneigt, religiös, fleißig und arbeitsam.«
Beschreibung des Oberamts Waiblingen, 1850

Der 1265 erstmals in einer Schenkungsurkunde einer Esslinger Witwe an das Kloster Salem genannte Ort gelangte wahrscheinlich um 1300 an die Württemberger; außer diesem Geschlecht hatten hier noch die Klöster Bebenhausen, Denkendorf und Salem Besitz. 1449, im Städtekrieg, wurde der Ort von den Soldaten des Städtebunds in Brand gesetzt. Strümpfelbach hatte auch mehrfach unter den Auseinandersetzungen der Württemberger mit dem Reich zu leiden und wurde öfters von den Truppen der Reichsstadt Esslingen heimgesucht, einmal wurde sogar die gesamte Weinernte eines Jahres vernichtet.

Die **Jodokuskapelle** war einst Etappenziel auf dem des Jakobsweg nach Santiago de Compostela.

Da Strümpfelbach nach dem 15. Jahrhundert im Gegensatz zu anderen Orten der Umgebung aber von weiteren Zerstörungen verschont blieb, hat sich ein umfangreicher alter Hausbestand mit 68 denkmalgeschützten **Fachwerkhäusern** aus dem 15. und 16. Jahrhundert erhalten. Ein schönes Beispiel eines alten Weingärtnerhauses

mit reichen Schmuckformen ist das **Gebäude Hauptstraße 65** am nördlichen Ortsausgang.

Das zweigeschossige **Rathaus** mit der offenen Vorhalle wurde 1591 über dem Strümpfelbach gebaut. Davor befindet sich ein Brunnen mit einer Wasserjungfer mit Fisch, der um 1960 von Fritz Nuss geschaffen wurde.

Die **Kelter** stammt aus der ersten Hälfte des 16. Jahrhunderts. Der Turm der **spätgotischen evangelischen Kirche** (Ende 15. Jh.) trägt Schießscharten. Innen wurden 1970 Fresken aus der Zeit ab 1495 freigelegt. Das Deckenfries im Langhaus stammt aus der Zeit um 1470. Der barocke Orgelprospekt ist von 1796. Sehenswert ist auch das gemalte Epitaph (Ende 17. Jh.).

Immer geradeaus gehend schlendern wir an der Kirche vorbei, etwas später weist in der Straße »Zum Streitberg« ein Schild nach links zur »Alten Kelter«. Ab nun ist unser Zeichen der blaue Kreis. Wir wandern an der renovierten »Alten Kelter« vorbei nach rechts, erst durch Baumwiesen, dann in den Wald. Am Waldrand orientieren wir uns beim Wasserhäuschen rechts, nun begleitet uns eine Weile der munter plätschernde Strümpfelbach. Nach einiger Zeit weist uns das Zeichen nach links, weg vom Schotterweg auf einen steil ansteigenden unbefestigten Naturweg. Vor den Häusern von *Schanbach* zieht der Pfad etwas nach links.

Kirche in Krummhardt

Schanbach (450 m)

Das 1262 erstmals erwähnte Schanbach ist Hauptort und Sitz der Verwaltung der Gemeinde Aichwald. Die **spätgotische Kirche** besitzt einen breiten Chorturm mit einer schönen Glockenstube aus Fachwerk.

Wenn wir aus dem Wald herauskommen, gehen wir kurz nach rechts zur Landstraße, dann auf ihr mit schönem Panoramablick zur Schwäbischen Alb nach links und kommen nach *Krummhardt*. Immer geradeaus durchqueren wir das Dorf. Ab der kleinen Kirche führt der Weg wieder bergab.

Krummhardt (468 m)

Der im 12. oder 13. Jahrhundert gegründete Ort wurde 1399 erstmals erwähnt. In der kleinen **Kirche** von 1484 wurden Flachdecke, Kan-

zel und Bänke um 1700 mit Bauernmalerei verziert.

Nach Krummhardt behalten wir unsere Richtung bei, spazieren durch Baumwiesen und genießen die prächtige Aussicht nach Aichelberg und zu der hinter dem Remstal liegenden Buocher Höhe. Es geht jetzt geradeaus in den Wald. Als Zeichen haben wir nun das blaue Kreuz, es ist aber leider recht spärlich angebracht. Nach wenigen Minuten kommen wir zu einer Verzweigung (Schild »Abt. 10 Mühlrain«), hier geht es geradeaus weiter. Immerzu bergab spazierend erreichen wir *Baach*. Wir gehen zur Durchgangsstraße, folgen ihr kurz nach rechts und zweigen vor der Telefonzelle nach links in den schmalen Weg ab. Zwischen Gärten, Wiesen und Feldern kommen wir zu einem Feldweg an der *Georg-Amann-Quelle,* wo uns das blaue Kreuz auf den linken der beiden Wege verweist.

Bald sind wir wieder im Wald. Vorbei an einem als Naturdenkmal ausgewiesenen romantischen Waldweiher erreichen wir eine Verzweigung, hier geht es geradeaus weiter (nicht den rechten »Rundweg« benutzen). Nach wenigen Minuten zieht der Forstweg nach rechts, wir steigen aber auf dem geradeaus weiterführenden Weg steil nach oben, bis wir wieder auf einen Asphaltweg treffen. Etwas weiter links an der Kreuzung geht auf einem Pfad unser Wanderweg weiter. Wir überqueren einen Forstweg, danach müssen wir wegen der vielen nach rechts und links abgehenden Pfadspuren gut auf die Zeichen achten. Wenn wir den Wald verlassen, führt uns das blaue Kreuz nach rechts durch die Baumwiesen, dann nach links Richtung *Manolzweiler*.

Manolzweiler (475 m)

Das ehemals staufische **Manolzweiler** wurde im Jahr 1400 erstmals urkundlich erwähnt, ist vermutlich aber älter.

Hinter dem Durchgangssträßchen geht es etwas nach rechts versetzt weiter (Fahrradschild »Winterbach«), aus dem Weiler heraus und steil hinab, erst durch Wiesen, dann in den Wald. Nach einem querenden Asphaltsträßchen behalten wir unsere Richtung bei und kommen nach *Engelberg,* wo wir der Landstraße bergab folgen.

Engelberg

Der Name des Weilers kommt vielleicht von einer Kapelle aus dem 7. Jahrhundert, die dem Erzengel Michael geweiht war. Zuvor existierte an dieser Stelle eine vorchristliche Kultstätte. Im Mittelalter war der Berg eine bedeutende Marienwallfahrtsstätte.

Graf Ulrich V. von Württemberg stiftete 1466 ein Augustinerkloster. Auf den Grundmauern des 1525 im Bauernkrieg zerstörten und 1538 aufgehobenen Klosters wurde 1602 ein herzogliches **Jagdschloss** errichtet, das bis 1817 Sitz des Oberforstmeisters der Region Schorndorf war.

Beim Schloss am Ortsende zieht die Straße nach rechts, wir biegen jedoch an der *Waldorfschule* nach links ab. Mit prächtiger Sicht auf das Remstal spazieren wir den Hang hinunter nach *Winterbach*. Wir überqueren die Landstraße, gehen kurz geradeaus weiter und treffen wieder auf sie. Wenn wir hier rechts gehen, bringt sie uns zur *S-Bahn-Station*.

Der Stettener Haldenbach ist ein urwüchsiges Stück Natur.

Winterbach (246 m)

Winterbach zählt zu den ältesten Siedlungen im Remstal. Der 1046 erstmals genannte Ort war früher Reichsgut und kaiserliche Pfalz. Der Salierkaiser Heinrich III. weilte 1046 und 1048 hier. Kaiser Heinrich IV. schenkte das Gut im Jahr 1080 dem Domstift Speyer; 1225 wurde der Ort staufisch und um 1250 kamen erste Teile des Ortes an die Württemberger. Bis dahin war Winterbach, was Kirche und Verwaltung anging, Mittelpunkt des mittleren Remstales gewesen. Ab dem 15. Jahrhundert gehört der Ort dann überwiegend dem Geschlecht der Württemberger.

Die erhöht liegende und ummauerte **Michaelskirche,** eine Wehrkirche, ist eine der ältesten Kirchen der Gegend. Sie besitzt einen mächtigen Chorturm (1309) und ist mit Wandbildern der so genannten »Esslinger Schule« ausgestattet. Die erste Kirche an diesem Standort wurde um 550 erbaut.

Es gibt insbesondere am Marktplatz einige schöne **Fachwerkhäuser.** Der **Neptunbrunnen** stammt von 1781. Die sehenswerten historischen Gebäude sind durch einen **heimatgeschichtlichen Rundgang** verbunden.

- ■ **Länge:**
  16 Kilometer.

- ■ **Zeit:**
  4 Stunden.

- ■ **Höhenunterschied:**
  350 Meter.

- ■ **Empfohlene Karte:**
  1 : 50 000 Freizeitkarten 520 Stuttgart und 521 Göppingen, Landesvermessungsamt Baden-Württemberg.

- ■ **Sonstiges:**
  Die Wanderung verläuft vorwiegend auf befestigten Wegen.

- ■ **Verkehrsmittel:**
  S-Bahn.

- ■ **Einkehrmöglichkeiten:**
  In den Orten unterwegs.

Neben dem Wein ist das Remstal auch für seine Kirschen berühmt.

Über den Korber und den Kleinheppacher Kopf

Schwaikheim – Korber Kopf – Kleinheppacher Kopf – Großheppach – Beutelsbach

Diese Wanderung führt uns durch eine der schönsten Weinlandschaften, die das untere Remstal zu bieten hat. Zudem haben wir von den Aussichtspunkten herrliche Blicke ins Remstal, auf die Weinhänge und hinab auf die roten Dächer der Orte.

■ **Ausgangspunkt:**
Schwaikheim.

■ **Wegverlauf:**
Wir verlassen die *S-Bahn-Station* auf ihrer Südseite und spazieren die Alfred-Schefenacker-Straße entlang in Richtung »Korber Kopf«, vorerst orientieren wir uns am roten Punkt. Auf der Höhe kommen wir in das »*Obstbau Museum Dornhau*«, das man sich bei Interesse ansehen sollte: Der Weg durch das Museum ist auf einer Tafel erklärt, er nimmt etwa eine halbe Stunde in Anspruch.

Wir gehen weiter, überqueren die Zufahrtsstraße von der B 14 zum Schwaikheimer Industriegebiet und kommen dahinter über die Bundesstraße. Hier halten wir uns kurz rechts, dann führt uns das Zeichen erst nach links und dann nach rechts, geradeaus hinauf in den Wald. Wir gehen bis zu einem Querweg, an dem wir nach rechts abbiegen (und damit die Route mit dem roten Punkt verlassen). Etwas später sehen wir das Zeichen rotes Kreuz. Diesem folgen wir und verlassen den Wald, danach finden wir links an einer Schutzhütte eine Erklärung zur »Rebanlage Korber Kopf«. Wir gehen nun weiter geradeaus bis zu einer Kreuzung, wo sich links ein geologischer Aufschluss befindet, hier biegen wir nach links ab und gehen gleich danach, an der Tafel zum »Geologischen Schichtprofil Korber Kopf«, auf Stufen steil nach links hinauf zum Aussichtspunkt auf dem *Korber Kopf*.

Der **Korber Kopf** (457 m) ist eine aussichtsreiche Bergterrasse der Keuperrandstufe. Hier wächst, wie auch auf dem benachbarten Hörnleskopf, eine als »Steppenheide« bezeichnete trockenheitsliebende Pflanzengesellschaft. Als geologischen Aufschluss findet man die so genannte Rote Wand, bei der karminrote Lagen von weichem Mergelgestein zu sehen sind.

Nach dem wir die Aussicht auf dem Korber Kopf genossen haben, spazieren wir nach rechts weiter, zunächst geht es eben, dann aber abwärts. Nach den Kleingärten überqueren wir die Landstraße, dahinter kommen wir auf einen Parkplatz. Hier biegen wir nach rechts ab, an der Verzweigung gleich darauf halten wir uns links und kommen am Schützenhaus vorbei, danach an einem Spiel- und Grillplatz. Anschließend nehmen wir den nach links abzweigenden Weg, der steil hoch führt. Nach etwas Anstieg geht das Asphaltsträßchen in einen unbefestigten, steinigen Weg über und bringt uns zum Aussichtspunkt *Hörnleskopf*. Nun geht es mit der Bezeichnung »Kleinheppacher Kopf« weiter. Wir kommen auf einen wieder breiten Weg und hinab zur Kreuzung *Immerich,* wo ein pilzförmiger Unterstand steht. Hier wandern wir geradeaus weiter, bis wir mit einem unscheinbaren Schild (Weg-Markierungen gibt es vorerst keine mehr, wir sollten also gut auf die Schilder achten) nach rechts zum »Kleinheppacher Kopf« geschickt werden. An einer Verzweigung halten wir uns links, und später sehen wir das Zeichen roter Strich, das uns nach rechts weist und dem wir zum *Kleinheppacher Kopf* folgen (s. S. 39).

Unterhalb der Grünfläche gehen wir nach links weiter, erst eben, dann bergab bis zu einem Querweg. Auf dem Rest des Weges müssen wir gut aufpassen, denn die Wege in den Weinbergen sind meist verwirrend und schlecht bezeichnet. Wir gehen nach rechts hinab bis zur nächsten Verzweigung, hier halten wir uns links. Nun geht es erst eben, dann wieder abfallend weiter bis zu einem

Der Korber Kopf bietet eine prächtige Aussicht.

Querweg, wo rechts ein Weinberghäuschen steht, hier orientieren wir uns rechts. Nach dem Wasserbehälter biegen wir links ab und gehen so lange, bis zwischen dem Gedenkstein zur Rebflurbereinigung und der Landstraße der mit blauem Kreuz markierte Weg quert, hier spazieren wir nach rechts bis vor ein

Weinberghäuschen

Häuschen, wo wir nach links auf einen Wiesenpfad verwiesen werden. Am Querweg danach biegen wir nach rechts ab und kommen auf eine Asphaltstraße. Ihr folgen wir nach links, spazieren hinunter nach *Großheppach* (s. S. 109) und dort zur Kirche. An der Durchgangsstraße biegen wir nach links ab, gehen bis zum Prinz-Eugen-Platz, hier nehmen wir den rechts abgehenden Heppachweg. Er führt uns am Wasser entlang und über die Rems. An der Straße biegen wir links ab, unterqueren die B 29 und gehen dahinter geradeaus bis zur *S-Bahn-Station Beutelsbach.*

Beutelsbach (236 m)

In der Mitte des Ortes steht die **Stiftskirche** mit ihrem imposanten Wehrturm. Sie diente einst den Württembergern als Grablege. Beu-

Blick vom Korber Kopf

telsbach war die Wiege des württembergischen Herrschergeschlechts – erst Grafen, dann Herzöge und schließlich Könige –, denn um 1080 erbaute Konrad von Beutelsbach eine zweite Burg auf dem nahen Wirtenberg und nannte sich fortan nach diesem Berg. Das Chorherrenstift, das die Herren unterhalb der Burg errichtet hatten, enthielt auch die Grablege der Familie. 1321 wurde diese allerdings nach Stuttgart verlegt.

Ein **Denkmal** vor dem Rathaus sowie das **Bauernkriegsmuseum** erinnern an den Bauernaufstand von

1514, die erste deutsche Revolution. Grund waren die hohen Abgabelasten und Übergriffe des Landesherrn. Der von Beutelsbach ausgehende Aufstand wurde zwar niederschlagen, führte aber zum Tübinger Vertrag, der »Magna Charta« Württembergs.

■ **Länge:**
12 Kilometer.

■ **Zeit:**
4 Stunden.

■ **Höhenunterschied:**
300 Meter.

■ **Empfohlene Karte:**
1 : 50 000 Freizeitkarte 520 Stuttgart, Landesvermessungsamt Baden-Württemberg.

■ **Grillgelegenheit:**
Schützenhaus, Kleinheppacher Kopf.

■ **Sonstiges:**
Wir wandern vorwiegend auf befestigten Wegen im Wald und durch Weinberge.

■ **Verkehrsmittel:**
S-Bahn.

■ **Einkehrmöglichkeiten:**
Schützenhaus, Großheppach, Beutelsbach.

Durchs Blütenmeer in den Schurwald

Winterbach – Schurwald – Schorndorf

Diese Wanderung führt uns von Winterbach nach Schorndorf. Anfangs steigen wir quer über Obstbaumwiesen an den Hängen des Remstals hoch, spazieren dann eine Zeit lang durch den Schurwald und wandern am Ende der Tour wieder an Obstbäumen vorbei hinunter nach Schorndorf. Hier sollte man sich Zeit nehmen und die Stadt ansehen, denn so viel prächtige Fachwerkhäuser findet man selten beieinander!

■ **Ausgangspunkt:**
Winterbach.

■ **Wegverlauf:**
Wir starten in Winterbach bei der *Kirche* und gehen auf der Durchgangsstraße in Richtung Süden. Wo diese nach rechts abknickt, behalten wir unsere Richtung bei (»Freibad«, Zeichen blauer Strich). Dann gehen wir gleich nach links in die Schlichtener Straße und vor dem *Friedhof* nach rechts. Nach dem Ort steigt das Sträßchen an und führt uns durch Obstbaumwiesen, die, wenn die Tour im Frühjahr unternommen wird, mit ihrer Blütenfülle bezaubern. An der Verzweigung vor der mächtigen Linde halten wir uns rechts. Das Sträßchen beschreibt einen Bogen nach rechts, bringt uns zum Sportplatz und da-hinter in den Wald. Etwas später, nach den Strommasten, nehmen wir den nach links abzweigenden Weg. Wanderzeichen sehen wir keine, wohl aber Reitwegschilder und ab und zu das Zeichen des Remswanderwegs.

Es geht nun mehr oder weniger ansteigend weiter, bis wir nach einiger Zeit vor Stromleitungen (»Waldabteilungsschild 6/7 Sandbuckel«) auf einen von links unten kommenden Weg stoßen. Ihm folgen wir nach rechts. Gleich darauf weist das Schild des Remswanderweges nach links. Der hier folgende Pfad ist allerdings recht verwachsen, leichter geht man, wenn man dem Forstweg noch bis zur Landstraße folgt. Auf ihr wandert man etwa 800 Meter nach links hinunter, bis das Schild des Remswanderweges nach rechts

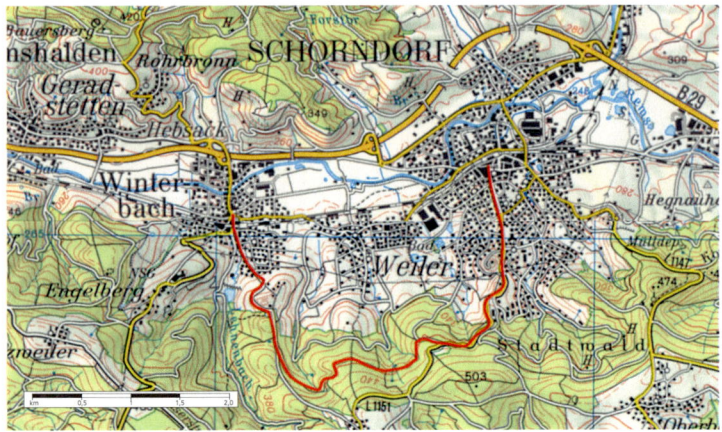

in den Wald weist. Hier nimmt man den gleich darauf folgenden Forstweg nach links.

Wir kommen wenig später in ein *Wohngebiet* und unterqueren kurz darauf die Landstraße. Dahinter sehen wir eine der vielen, 1871 gepflanzten Friedenslinden. Wir gehen weiter geradeaus den Berg hinab und stoßen bald darauf wieder auf die Landstraße. Immer geradeaus gehend kommen wir ins Zentrum von *Schorndorf*. An der Kirche spazieren wir nach rechts zum Marktplatz und hier nach links. Vorbei am Rathaus kommen wir zur S-Bahn-Station.

Da die Tour nicht allzu lang ist, kann man sich noch in aller Ruhe Schorndorf (s. S. 129) anschauen. Und wer noch etwas länger wandern möchte, der kann zu Fuß zurück nach Winterbach gehen. Hierzu unterqueren wir die Gleise am Bahnhof und gehen dahinter nach links bis zu einem Kreisver-

kehr. Hinter ihm nehmen wir die Weiler Straße in Richtung »Weiler«. Kurz nach dem Ortsschild weist uns das Radwegschild nach rechts, nach dem Backsteingebäude biegen wir nach links ab. Durch die Wiesen kommen wir zur *Kläranlage,* die wir umrunden. Auf der Westseite der Kläranlage – etwa in der Mitte – nehmen wir den Weg, der uns geradeaus nach *Winterbach* führt. Hier spazieren wir auf dem Langen Weg

Brunnen im Zentrum von Winterbach

in den Ort hinein, dann biegen wir links in die Neue Gasse, die uns ins Zentrum bringt.

■ **Länge:**
12 Kilometer; beendet man die Tour in Schorndorf, etwa 4 Kilometer weniger.

■ **Zeit:**
3 bis 4 Stunden.

■ **Höhenunterschied:**
370 Meter.

■ **Empfohlene Karte:**
1 : 50 000 Freizeitkarte 521 Göppingen, Landesvermessungsamt Baden-Württemberg.

■ **Sonstiges:**
Die Wanderung verläuft auf befestigten Forstwegen und Landsträßchen.

Kirchturm in Winterbach

■ **Verkehrsmittel:**
S-Bahn.

■ **Einkehrmöglichkeiten:**
Winterbach, Schorndorf.

Jedes Jahr ein Frühlingstraum: Kirschbaumblüte im Remstal

Von Endersbach zur Ruine Y-Burg und ins romantische Strümpfelbachtal

Endersbach – Strümpfelbach – Stetten – Rommelshausen

Bei dieser Wanderung spazieren wir von Endersbach nach Strümpfelbach, wo wir prächtige Fachwerkhäuser bewundern können. Dann geht es weiter zur Ruine Y-Burg und dann hinunter nach Stetten. Anschließend marschieren wir durch Obstplantagen nach Rommelshausen.

■ **Ausgangspunkt:**
Endersbach.

■ **Wegverlauf:**
Wir verlassen den *Bahnhof* in Endersbach (s. S. 41) auf der Südseite. Hier folgen wir der Theodor-Heuss-Straße mit dem Zeichen roter Strich vorbei an einer Kirche bis zur Beutelsbacher Straße. Diese überqueren wir und nehmen dann den schräg nach rechts ziehenden Weg, der uns an der nächsten Kirche vorbei zur Traubenstraße und dem Rathaus bringt. Hier biegen wir links ab und gehen nun immer geradeaus, später mit dem Zeichen blau-

es Kreuz, aus dem Ort hinaus und auf Strümpfelbach zu.

Kurz nach den mächtigen Gebäuden der Weingärtnergenossenschaft Endersbach, die links von uns liegen, könnten wir zwar schon nach rechts zur Landstraße hinuntergehen, viel schöner ist es jedoch, wenn wir noch geradeaus weiter spazieren, hinein nach *Strümpfelbach* (s. S. 42), wo wir die alten Fachwerk-Hofanlagen und das prächtige, arkadengeschmückte Rathaus bewundern können. Anschließend spazieren wir wieder zurück, vom Rathaus aus in Richtung Endersbach, bis wir am Ortsende im

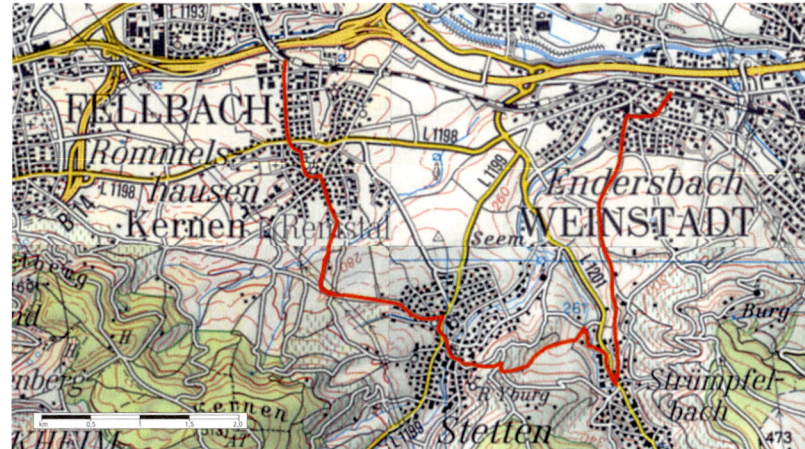

Gewerbegebiet links in die Ritterstraße einbiegen.

Wir nehmen den nach rechts ziehenden Weg und biegen nach dem Tennisplatz links ab; rechts befindet sich ein Spielplatz. Nun folgen wir diesem Weg, der bald darauf ansteigt, bis auf die Höhe zu einem Querweg, wo wir nach rechts abbiegen. Vorbei an einem Weinberghäuschen kommen wir zum nächsten querenden Weg, an dem wir uns links halten. Kurz darauf sehen wir rechts bereits die *Ruine Y-Burg* (s. S. 60).

Wir können nun direkt hinter der Ruine nach *Stetten* (s. S. 59) absteigen oder dem Weinbergsträßchen weiter hinabfolgen. Im Ort halten wir uns rechts bis wir zur Kirche kommen. Danach biegen wir links in die Klosterstraße ein. Ihr folgen wir bis zur nächsten Vorfahrtsstraße, wo wir uns rechts orientieren. Vor einer Fußgängerbrücke biegen wir nach links in die Hartstraße ein und verlassen den Ort. Nach den letzten Häusern kommen wir noch an einer Gärtnerei vorbei und bleiben solange auf diesem Weg, bis nach rechts ein mit blauem Strich markierter Pfad abgeht.

Nach den Kleingärten geht es nach links über den Bach und danach auf einem schmalen Asphaltweg weiter. An einer Verzweigung

Frühjahrsimpressionen

55

halten wir uns rechts, etwas später zeigt ein Schild nach rechts zu einer »villa rustica«, einem römischen Gutshof.

Im Gewann Mäurech wurde ein kleiner **römischer Gutshof,** eine »villa rustica«, entdeckt. Er wurde wohl in der zweiten Hälfte des 2. Jahrhunderts n. Chr. bewohnt und Mitte des 3. Jahrhunderts verlassen. Teile davon sind heute restauriert.

Dem Asphaltpfad weiter folgend kommen wir zu den ersten Häusern von *Rommelshausen*.

Rommelshausen (271 m)
    Der Ort wurde 1146 erstmals als Rumoldeshusen erwähnt. Rommelshausen gehörte ab 1146 zu Württemberg, Kirche und Pfarrei sind seit 1275 bezeugt, Mitte des 16. Jahrhunderts wohnten bereits rund tausend Personen in dem Ort.
    Der Turmchor der **Kirche** stammt aus dem 14. Jahrhundert, das Altarkreuz aus dem frühen 16. Jahrhundert. Teile des alten **Pfarrhauses** sind noch aus dem 16. Jahrhundert, der Rest des schönen Fachwerkgebäudes ist von 1786.

An der Jägerstraße halten wir uns links und kommen zu einem Kreisverkehr, wo wir nach links abbiegen. Es geht nun an der Kirche vorbei bis die Waiblinger Straße quert; hier biegen wir links ein und erreichen bald den nächsten Kreis-

verkehr. Wir behalten unsere Richtung bei und gehen durch das Gewerbegebiet geradeaus auf die *S-Bahn-Station* zu.

■ **Länge:**
10 Kilometer.

■ **Zeit:**
3 Stunden.

■ **Höhenunterschied:**
120 Meter.

■ **Empfohlene Karte:**
1 : 50 000 Freizeitkarte 520 Stuttgart, Landesvermessungsamt Baden-Württemberg.

■ **Sonstiges:**
Die Wanderung verläuft auf befestigten Wegen.

■ **Verkehrsmittel:**
S-Bahn.

■ **Einkehrmöglichkeiten:**
In den Orten unterwegs.

Dieses Relief am Endersbacher Rathaus zeigt die mühselige Arbeit der Weingärtner.

Fachwerkhäuser und Kirschblüten

Strümpfelbach – Schanbach – Stetten – Strümpfelbach

Die berühmte Kirschbaumblüte im Remstal lockt jedes Jahr unzählige Besucher an: Abhängig vom Wetter überzieht in den Monaten April und Mai ein weißer Flaum wie frisch gefallener Schnee die Hänge zwischen Strümpfelbach und Stetten. Auf dieser Wanderung spazieren wir durch Obstbaumwiesen, schlendern zwischen Weinbergen hindurch. Im Schurwald werden wir auf unserer Tour eine Zeit lang von dem idyllischen Stettener Haldenbach begleitet. Nicht zuletzt faszinieren die Orte Stetten und Strümpfelbach mit ihren malerischen Ortsbildern. Besonders bemerkenswert ist das arkaden- und malereigeschmückte Rathaus von Strümpfelbach.

- ■ **Ausgangspunkt:**
  Strümpfelbach.

- ■ **Wegverlauf:**
Kommt man mit dem Auto von der B 29 her, so befindet sich kurz nach der Einfahrt in den Ort rechts der Durchgangsstraße ein Parkplatz. Von hier aus spazieren wir in südlicher Richtung durch das hübsche Dorf (s. S. 42) und lassen die Atmosphäre auf uns wirken. Nach dem Rathaus steht auf der linken Seite der Straße eine Kirche, auf der rechten Straßenseite sehen wir das Wanderzeichen blauer Punkt, dem wir nun eine Weile folgen. Kurz vor Ortsende biegen wir nach links in den Aichelberger Weg in Richtung »Freibad« ein (dort gibt es auch einen kleinen Parkplatz). Zwischen Weinbergen und Obstbaumwiesen schlendern wir zum Wald. Am Wasserbehälter halten wir uns rechts.

Dem Schwäbischen Albverein sei Dank: fast überall gibt es Wanderzeichen!

57

200 Meter nach rechts, bis unser Weg an einer Schranke in den Wald hineinführt. Nach ihr zieht der Weg etwas nach rechts und bergab, bald darauf geht es nach links, nun steil abwärts. Wir passieren zwei Querwege und wenden uns, wenn wir im Tal angekommen sind, auf dem dritten nach rechts.

Der **Stettener Haldenbach** ist ein sich lustig schlängelndes Bächlein inmitten eines urwüchsigen Naturschutzgebiets mit umgestürzten, vermodernden und bemoosten Bäumen. In einer amtlichen Veröffentlichung wird das romantische Tälchen als »biologisch wertvolles Talsystem« bezeichnet: Es besitzt eine interessante Schluchtwaldvegetation mit Rotbuchen, Ahorn, Eschen und Erlen. Ebenso gibt es dort auch Schatten liebende Sträucher wie Traubenholunder oder Stauden und Kräuter wie das Fuchsgreiskraut, das Waldschaumkraut oder das Hexenkraut. Mit dem Zweiblatt wächst hier eine Orchidee und in der kühlen und feuchten Atmosphäre fühlen sich auch Farne wie der Wurmfarn, der Frauenfarn oder der Dornfarn wohl.

Erst rechts des Baches, dann auf der anderen Seite, kommen wir zu einer Verzweigung, wo uns das Zeichen nach links steil hinaufweist. Oben, kurz vor den Häusern von *Schanbach* (s. S. 44), zieht der Weg nach links. Wenn wir den Wald verlassen, halten wir uns rechts und, gleich darauf, an der Landstraße ebenso. Ab nun folgen wir einige Zeit dem roten Kreuz.

Wir gehen durch den Ort hindurch, biegen an der vorfahrtsberechtigten Aichschießer Straße rechts und kurz nach der Kirche mit ihrem Fachwerkturm links in die Ziegelgasse ab. Wie überqueren noch eine Straße und verlassen dann den Ort. Kurz nach den Überlandleitungen gehen wir nach rechts zum Waldrand und dort etwa

Nach einiger Zeit verlassen wir den Wald. Rechts am Wegrand sehen wir einen alten Grenzstein von 1653 mit der württembergischen Hirschstange.

Durch Kleingärten und Baumwiesen wandern wir nach *Stetten*.

Hier steht am Ortsanfang die mächtige Glockenkelter, kurz dahinter das »Museum unter der Y-Burg«.

Stetten (265 m)

Der seit der Merowingerzeit besiedelte Ort wurde 1229 erstmals genannt. 1241 fungierte ein Eberhard Truchsess von Stetten als Zeuge. Die heute bedeutende Weinbaugemeinde ist seit dem 13. Jahrhundert als württembergisches Lehen bei den Herren von Stetten, die das Truchsessenamt der Grafen von Württemberg innehatten. 1507 wurde die Herrschaft vom württembergischen Erbmarschall Thumb von Neuburg gekauft und 1664/66 kam sie wieder zurück an Württemberg.

Das **Schloss** im Tal wurde von den Truchsessen erbaut und diente im 17. und 18. Jahrhundert zeitweise den Herzoginnen von Württemberg als Wohnsitz, auch die berühmt-berüchtigte Wilhelmine von Graevenitz, die Mätresse Herzog Eberhard Ludwigs, residierte 1712 bis 1731 hier. Der Fürst soll einmal zusammen mit seiner Geliebten und Freunden – so wird erzählt – sieben Wochen lang in Stetten ein Fest gefeiert haben, dabei seien 20 000 Liter Wein geflossen. Von einer der Herzogswitwen stammt auch der Name des Weines »Stettener Brotwasser«. Sie wollte ihre Vorliebe für den Wein verbergen und tunkte ihr Brot in den Wein – es war ihr »Brotwasser«. Der »Pulvermächer« erinnert an die Sprengungen in der Steingrube, aus der die Steine für das Schloss gewonnen wurden.

Im Schloss ist seit 1831 erst eine Erziehungs-, seit 1863 eine Kinderheil- und Pflegeanstalt untergebracht.

Das Gebäude Hindenburgstraße 24 ist das ehemalige **Kanzleihaus** der Erbmarschälle. Es dient jetzt als Heimatmuseum. Bemerkenswert sind auch die alten **Weingärtnerhäuser**.

Kurz vor der Kirche folgen wir in der Steigstraße dem Schild »Strümpfelbach« nach rechts hinauf. Wo gleich danach der Blaupunktweg nach rechts auf der Treppe weiterführt, bleiben wir auf der Straße.

Kirchturm in Stetten

Die Y-Burg thront hoch über Stetten.

Wir verlassen Stetten und biegen bei einem Parkplatzschild nach rechts ab zur *Ruine Y-Burg*.

Ruine Y-Burg

Die **Y-Burg** hat ihren Namen von der Eibe und hieß ursprünglich wohl Eibenberg. Sie liegt auf einer Terrasse aus Schilfsandstein oberhalb Stettens. Es handelt sich um ein würfelförmiges Steinhaus mit ehemals vier Stockwerken. Die Herren von Yberg waren vermutlich die ersten Herren von Stetten. 1241 wird ein »Eberhardus dapifer de Stetin« (Truchsess von Stetten) genannt, der als Zeuge bei einem Kaufvertrag der Grafen Ulrich und Eberhard von Württemberg fungierte. Die Truchsessen von Stetten waren Ministerialen der Grafen von Württemberg – ein Truchsess war jemand, der »auf

der Truhe saß«, also dem gräflichen Haushalt vorstand. Sie übten somit ein hohes Amt aus, ihre Namen sind deshalb oft in Urkunden zu finden. Nachdem 1384 bis 1387 im Tal eine Wasserburg erbaut wurde, verlor die Y-Burg an Bedeutung. 1443 verkaufte Hans von Yberg »meinen teyl an dem dorff zu stetten mit dem viertail der vogtij und des gerichts daselb« an Graf Ulrich von Württemberg. Ab dem 16. Jahrhundert ließ man die Anlage verfallen. 1659 wurde die Burg dann doch noch umgebaut, sie erhielt ein viertes Stockwerk. 1683 bezeichnete man sie als »ein altes, ohngebautes Schlößlein auf dem Berg«. Die Württemberger ließen vielleicht nur die notwendigsten Reparaturen ausführen: So stand in der Schlossrechnung von 1738: »Item, das

Stammhaus oder Schlößlein auf der Höhe. Dieses Hauses Tachung zu repariren, weil das waßer überal hineingeloffen, hat gekostet 17 fl 12 x«. 1760 befahl Herzog Karl Eugen dem Stabsamtmann Rapp: »Ferner haben Wir gnädigst resolviert, daß das in denne Weinberge stehende uhralte Schlößlen an Dach Stuhl und Gibeln abgebrochen werden solle, daß nur die 4 Zargen Mauren stehen bleiben.« Der Amtmann folgte dem Befehl und meldete: »Das alte Berg Schlößlen, oben bey den Steingruben, so um seines zerfalls und Baufälligkeit willen von ohnfürdencklichen Jahren her unbewohnt gewesen, ist Crafft eines der ferndigen Rechnung beyligenden gnädigsten Befehls vom 27. Jan. 1760 nunnenhero biß auf die Zargen Mauren abgebrochen, ziegel und Holzwerck Theils verkauft und Theils zu anderwärtig Herrschafftlichen Bauwesen nützlich empoyirt worden.«

Wir marschieren links an der Y-Burg vorbei und kommen kurz nach ihr zu einem Holzhäuschen, hier halten wir uns links. Am dritten Sträßchen weist ein Schild nach rechts nach »Strümpfelbach«. Einige Zeit darauf treffen wir bei einem Querweg auf eine Kopfweide und das Schild »Anliegerverkehr frei«, das in die Straße, aus der wir kommen, weist. Hier biegen wir nach links ab, gleich darauf beschreibt das Sträßchen eine scharfe Rechtskurve und wir kommen hinab nach *Strümpfelbach*

und zum Kirschblütenweg, wo unser Parkplatz liegt.

■ **Länge:**
13 ½ Kilometer.

■ **Zeit:**
3 ½ bis 4 Stunden.

■ **Höhenunterschied:**
310 Meter.

■ **Empfohlene Karte:**
1 : 50 000 Freizeitkarte 520 Stuttgart, Landesvermessungsamt Baden-Württemberg.

■ **Grillgelegenheit:**
Kurz vor Stetten.

■ **Sonstiges:**
Die Wanderung verläuft vorwiegend auf befestigten, ansonsten auf Naturwegen.

■ **Verkehrsmittel:**
Bus.

■ **Einkehrmöglichkeiten:**
Strümpfelbach, Stetten.

Zum Aussichtspunkt auf dem Schönbühl

Grunbach – Beutelsbach – Schnait – Schönbühl – Grunbach

Diese relativ kurze Wanderung bringt uns nach Beutelsbach, dem früheren Sitz der einstigen württembergischen Herrscher. Danach spazieren wir nach Schnait, in den Geburtsort Friedrich Silchers. Ein Museum erinnert an den Komponisten und Dichter. Anschließend steigen wir hoch zum Schönbühl, der seinen Namen nicht umsonst hat: Die Aussicht ins Remstal ist von hier aus wirklich prächtig. Wer gerne in gemütlichen Weinwirtschäftle einkehrt, ist in den Orten, die diese Wanderung berührt, bestens aufgehoben – zum Glück ist Grunbach gut mit der S-Bahn erreichbar.

■ **Ausgangspunkt:**
Grunbach.

■ **Wegverlauf:**
Wir beginnen die Tour an der S-Bahn-Station. Sie liegt südlich des Ortskerns von *Grunbach* (s. S. 71) auf der anderen Seite der Rems und der Bundesstraße. Wir verlassen die Haltestelle nach Süden und marschieren mit dem Zeichen des Württembergischen Weinwanderweges auf der Bühlstraße bis zur bereits sichtbaren modernen Kirche und links an ihr vorbei. Hinter ihr gehen wir mit dem Zeichen nach rechts die Stufen hinauf und auf dem Anliegersträßchen weiter, bald auf der Heinrich-Heine-Straße. Kurz

Blick auf Schnait

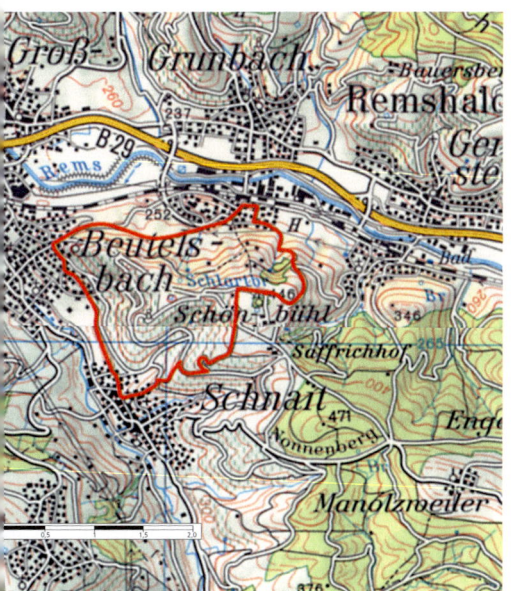

Unser Weg, der mit einem roten Kreuz gekennzeichnet ist, führt links der Kirche hinauf. Am Ortsende, rechts von der Straße liegt der Friedhof, gehen wir noch kurz geradeaus weiter hinauf. Ab jetzt müssen wir gut auf die manchmal etwas spärlich angebrachten Zeichen achten. Wir biegen nach rechts ab und steigen aufwärts bis zu einer buschbestandenen »Verkehrsinsel«, hier halten wir uns links. Nach dem *Wasserbehälter* biegen wir nach rechts ab und kommen zu einem Häuschen, wo wir uns links orientieren. Danach biegen wir rechts, dann links ab. An der Verzweigung bei der nächsten »Verkehrsinsel« mit den Mäuerchen halten wir uns rechts, danach wieder links. Wir spazieren nun an der Ansiedlung *Schönbühl* vorbei, nach dem Zufahrtssträßchen geht der Weg noch etwas steiler hinauf.

Die ganze Zeit schon hatten wir eine prächtige Aussicht, aber auf der Nordseite des Berges wird sie noch beeindruckender: Wir sehen hinab ins Remstal und auf die dahinter liegende Buocher Höhe. Am Querweg biegen wir nach rechts ab. Nachdem der Wald rechts von uns zu Ende ist, geht es noch ein Stück weiter, dann orientieren wir uns nach rechts bis zu einem querenden Weg. Auf ihm wandern

darauf verlassen wir den Ort und spazieren durch Obstbaumwiesen nach *Beutelsbach* (s. S. 49).

Bei den ersten Häusern überqueren wir das nach Schönbühl führende Sträßchen, gehen kurz bergab und biegen dann links in den Kappelbergweg ein. Wer jedoch zuerst den Ort besichtigen möchte, geht weiter abwärts, kehrt anschließend aber wieder zu dieser Kreuzung zurück. Immer am Ortsrand entlang spazieren wir bis zum *Gedenkstein* für die Rebflurbereinigung. Hier halten wir uns rechts, gehen gleich darauf aber links und wandern auf ebenem Weg nach *Schnait*, direkt auf die Kirche zu, neben der sich das Silcher-Museum befindet.

Blühende Landschaft bei Strümpfelbach

wir nun links den Berg hinunter. Später sehen wir auch das Zeichen blauer Strich.

Kurz nach einer scharfen Rechtskurve verlassen wir dieses Sträßchen auf einem Naturweg, der uns nach links in den Wald führt. Gleich darauf, unterhalb einer Hütte, zweigt der markierte Weg nach rechts ab.

Es geht nun in einigen Windungen recht steil hinab zu den ersten Häusern von *Grunbach*.

Wir bleiben solange auf unserem Weg, bis die Thomastraße nach rechts abzweigt und folgen ihr bis zur nach links führenden Uhlandstraße. Diese bringt uns zu einer Querstraße, auf der wir nach rechts zur S-Bahn-Station kommen.

■ **Länge:**
8 Kilometer.

■ **Zeit:**
3 Stunden.

■ **Höhenunterschied:**
130 Meter.

■ **Empfohlene Karte:**
1 : 50 000 Freizeitkarte 520 Stuttgart, Landesvermessungsamt Baden-Württemberg.

■ **Sonstiges:**
Die Wanderung verläuft vorwiegend auf festen Wegen.

■ **Verkehrsmittel:**
S-Bahn.

■ **Einkehrmöglichkeiten:**
Grunbach, Beutelsbach, Schnait.

Die schönsten Seiten

Beinstein – Stetten – Strümpfelbach – Schnait – Grunbach

Diese Wanderung zeigt uns die schönsten Seiten des Remstals – ein Meer blühender Kirschbäume im Frühling, weite, grüne Weinberge im Sommer und leuchtendes Weinlaub im Herbst. Zudem berühren wir alte Orte mit Fachwerkhäusern, haben unterwegs Gelegenheit, Museen zu besuchen und immer wieder eine prächtige Aussicht. Da die Tour von S-Bahn-Station zu S-Bahn-Station führt, kann man sich bei einer Einkehr ruhig ein Viertele mehr schmecken lassen, macht doch das ständige Auf und Ab gehörig Durst!

■ **Ausgangspunkt:**
Stetten-Beinstein, S-Bahn-Station.

■ **Wegverlauf:**
An der S-Bahn-Station *Stetten-Beinstein* beginnen wir unsere Tour auf der Südseite der Bahnlinie. Hier nehmen wir den von der Station wegführenden Weg, überqueren kurz darauf die Landstraße und behalten nach ihr unsere Richtung bei (Rommelshausener Straße). Bevor wir auf die nächste Landstraße stoßen, knickt unser Weg nach links. Es geht ins Tal hinunter, wir überqueren ein Sträßchen, dann einen Bach und treffen jetzt auf dem zweiten querenden Weg auf das Zeichen roter Strich des Georg-Fahrbach-Wegs. Ihm folgen wir nach rechts. Kurz darauf treffen wir auf die Landstraße; wir überqueren sie und gehen auf dem Wiesenweg rechts vom Bach bis zu einem Hof. Unser Weg führt rechts daran entlang, etwas später durch ein Gewerbegebiet hindurch, vorbei am Freibad und auf die Kirche von *Stetten* (s. S. 59) zu.

Bei der Kirche biegen wir nach links ab in die Steigstraße und folgen dem blauen Punkt. An der Verzweigung behalten wir unsere Richtung bei, kurz darauf bei Haus Nr. 14 zweigt der Wanderweg aber nach rechts ab. Nun geht es teilweise auf Stufen hinauf zur *Y-Burg* (s. S. 60), die wir schon gleich nach den letzten Häusern erblicken. Wir gehen nun ein Stück auf dem »Stettener Weinweg«, der uns mit einigen interessanten Tafeln über den Weinbau der Gegend informiert.

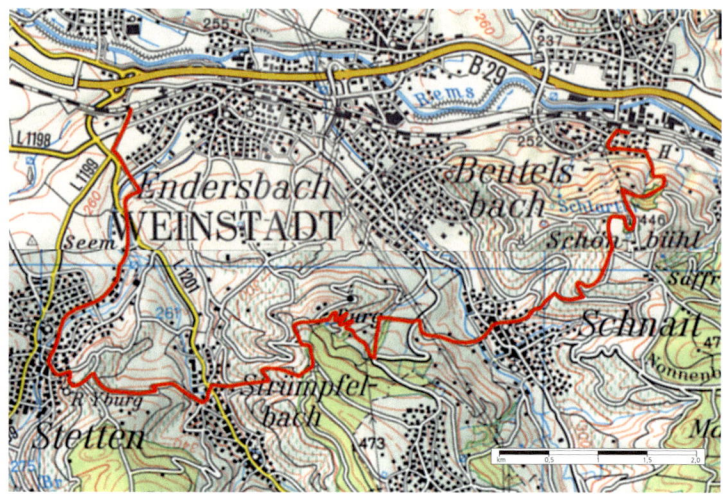

Nach der Ruine gehen wir auf einem Asphaltweg kurz in Richtung Berg, dann folgen wir dem blauen Punkt nach links. Wo der so markierte Weg aber nach rechts zu dem bewaldeten Kopf abzweigt, behalten wir unsere Richtung bei und biegen am übernächsten Weg nach rechts ab in Richtung »Strümpfelbach«. Nun benützen wir für einige Zeit den Württembergischen Weinwanderweg, der uns zunächst in ein Meer von Kirschbäumen bringt, die im Frühjahr herrlich blühen. Wir spazieren einigermaßen eben bis zu einem Querweg, hier halten wir uns links, dann rechts und kommen so hinunter nach *Strümpfelbach* (s. S. 42).

Bei der ersten (vorfahrtsberechtigten) Straße, auf die wir treffen, biegen wir nach links ab und kommen zur Durchgangsstraße, etwas nach links versetzt nehmen wir die Straße Auf der Huschenburg, die geradeaus empor führt. Nun begehen wir den »Skulpturenpfad«, den der Strümpfelbacher Bildhauer Karl-Ulrich Nuss mit Plastiken von sich und seinem Vater Professor Fritz Nuss ausgestattet hat. Nach kurzem Aufstieg treffen wir wieder auf den Weinwanderweg, den wir für kurze Zeit verlassen hatten.

Blick auf Stetten

Das Rathaus in Strümpfelbach erkennt man an seinen Arkaden.

Es geht hoch bis zu einem Querweg, hier orientieren wir uns links, an der Verzweigung spazieren wir auf dem rechten Weg zu dem Felsbrocken, der die letzte Figur des Skulpturenpfads trägt, hier geht es nach rechts. Gleich darauf nehmen wir aber den nach links abzweigenden Wiesenweg, der uns zu einem querenden Weg führt. Nun halten wir uns kurz rechts, dann aber links zum Waldrand. Jetzt spazieren wir nach links zu einem schönen Spiel-, Vesper- und Grillplatz. Dahinter liegt der *Karlstein*.

Die Bedeutung des **Karlsteins** wird durch die Inschrift erklärt: »Zum ewigen Gedenken an den gnädigsten Vater des Vaterlandes Karl Herzog von Württemberg der die Streitigkeiten um Waldgebiete zwischen Endersbach und Strümpfelbach

Strümpfelbach gehört zu den schönsten Fachwerkorten im Land.

Altes Haus in Stetten

Verzweigung nehmen wir den mittleren der drei Wege, der uns zum *Hirschkopf* (427 m) bringt. Hier sollte man die in den Boden eingelassenen Steinplatten mit den Inschriften betrachten. Die Windrose dahinter erklärt uns die Aussicht. Die entferntesten Punkte, die man bei guten Sichtverhältnissen erkennen kann, sind der Schwarzwald und die Löwensteiner Berge.

Nun geht es, teilweise auf Stufen, hinab bis vor zwei Gartenhäuschen, vor denen wir nach rechts in Richtung »Schnait« abbiegen. Kurz darauf, vor der dunkelbraunen Scheune, gehen wir nach rechts in den Wald, biegen hier aber gleich wieder nach links ab. Es geht nun auf einfallsreich angebrachten Holzstufen den Berg hinunter, schließlich kommen wir zu einem Parkplatz. Hier führt uns der markierte Weg erst nach links, dann scharf nach rechts. Den Abzweig des »Rundwegs Beutelsbach« ignorieren wir und treffen bald auf eine Straße, etwas nach links versetzt geht unser Weg weiter und führt uns hinunter nach *Schnait*.

hierorts schließlich feierlich und glücklich schlichtete am 7. Juni 1793«. Flankiert ist der Karlstein von zwei Mammutbäumen (s. S. 37), die ihrem Namen aber keine Ehre machen, denn sie sind im Vergleich zu anderen Exemplaren im Land recht kümmerlich gewachsen. Vom Karlstein aus hat man eine prächtige Aussicht ins Remstal hinunter. Der Gedenkstein wurde von dem Strümpfelbacher Künstler Professor Fritz Nuss gestaltet.

Wir folgen weiter dem Weinwanderweg; bei der gleich folgenden

Schnait (270 m)

»Charakteristisch für Schnaith ist das Talent für Musik, die äußerst geläufige Zunge, die Gewandtheit bei der Arbeit und im Leben überhaupt; daher die Schnaither nicht unpassend, die Franzosen des Remsthales' genannt werden.«
Beschreibung des Oberamts Schorndorf, 1851

Der Ort wurde 1238 erstmals erwähnt, war aber vermutlich bereits im 11. Jahrhundert besiedelt und kam damals an Württemberg. Er befindet sich auf einer Rodungsinsel, die einst dem Kloster Adelberg gehörte. Eng mit dem Kloster verbunden waren die Dürner von Dürnau, die Herren von Urbach, die Schenken von Limburg, die Grafen und Herzöge von Württemberg und die Familie Gaisberg.

Die **Kirche Sankt Wendelin** stammt von 1748 und wurde anstelle einer Kapelle, die Anfang des 16. Jahrhunderts erbaut worden war, errichtet. Sie besitzt einen sehenswerten spätgotischen Flügelaltar der Ulmer Schule (1497), dessen Bilder teilweise nach Vorlagen Martin Schongauers gemalt worden sind.

Im Ort sieht man noch einige sehenswerte alte Gebäude, darunter drei ehemalige **Schlösschen** der Herren von Gaisberg (sehenswert das Alte oder Untere Schloss, Silcherstraße 10/12, und das Obere Schloss, Haldenstraße 25, mit schöner Erkerkonsole).

In Schnait kam 1789 Friedrich Silcher zur Welt (gestorben 1860 in Tübingen). Als Universitätsmusikdirektor von Tübingen machte er sich vor allem als Liedkomponist einen Namen; im 19. Jahrhundert war er der bedeutendste Herausgeber von Volksliedern. Am bekanntesten ist vielleicht seine Vertonung des Gedichtes von Heinrich Heine: »Ich weiß nicht, was soll es bedeuten …«. Das **Silcher-Museum** ist in der alten Schule, seinem Geburtshaus, untergebracht.

In Schnait überqueren wir die Durchgangsstraße und gehen direkt auf die *Kirche* zu, gleich daneben befindet sich das Silcher-Museum. Unser Weg führt links der Kirche weiter hinauf, er ist ab nun mit dem roten Kreuz gekennzeichnet. Am Ortsende, wo sich rechts der Friedhof befindet, gehen wir noch ein kurzes Stück geradeaus weiter. Ab nun müssen wir gut auf die teils nur noch selten angebrachten Zeichen achten. Wir biegen nach rechts ab und steigen hinauf bis zu einer buschbestandenen »Verkehrsinsel«, wo wir uns links orientieren.

In Grunbach gibt's Wein, wohin man blickt.

Nach dem *Wasserbehälter* biegen wir nach rechts ab und kommen zu einem Häuschen, hier halten wir uns links. Danach biegen wir zuerst rechts, dann links ab. An der Verzweigung bei der nächsten »Verkehrsinsel« mit den Mäuerchen halten wir uns wieder rechts, danach wieder links. Wir spazieren nun an der Ansiedlung *Schönbühl* vorbei, nach dem Zufahrtssträßchen geht es kurz etwas steiler den Hang hinauf.

War die Aussicht, die wir bis jetzt auf der Wanderung genießen konnten, schon schön – man kann sich denken, woher der 446 Meter hohe Schönbühl seinen Namen hat – wird sie auf der Nordseite des Berges noch prächtiger. Nun sehen wir hinab ins Remstal und auf die dahinter liegende Buocher Höhe. Am Querweg biegen wir nach rechts ab. Nachdem der Wald rechts von uns zu Ende ist, geht es noch ein Stück weiter, dann biegen wir rechts ab bis zu einem querenden Weg, auf ihm wandern wir nun nach links hinunter. Später begegnen wir auch dem Zeichen blauer Strich wieder. Kurz nach einer scharfen Rechtskurve verlassen wir dieses Sträßchen auf einem Naturweg, der uns nach links in den Wald führt. Gleich darauf, unterhalb einer Hütte, zweigt der markierte Weg nach rechts ab.

Es geht nun in einigen Windungen und recht steil hinab zu den ers-

In Strümpfelbach sieht man viele Skulpturen der Künstler Fritz und Karl-Ulrich Nuss.

ten Häusern von *Grunbach*. Dort gehen wir bis zur Abzweigung der Thomastraße und folgen ihr nach rechts bis zur nach links führenden Uhlandstraße. Diese bringt uns zu einer Querstraße, auf der wir nach rechts zur *S-Bahn-Station* gelangen.

Grunbach (271 m)

Der auch als »Perle des Remstals« bezeichnete Ort wurde 1142 erstmals erwähnt.

Die 1481 erbaute spätgotische **Kirche** wurde 1863 durch Christian Friedrich Leins im Stil der Gotik umgebaut. Die Schießscharten im Turm und die mächtige Mauer deuten auf ihre ehemalige Funktion als Wehrkirche hin. Der achteckige Turmhelm stammt noch aus der Zeit der Gotik. Die Sandsteinkanzel wurde Anfang des 17. Jahrhunderts geschaffen, das sehenswerte Kruzifixus aus dem Umfeld Hans Syfers Anfang des 16. Jahrhunderts.

Das **Pfarrhaus** entstand 1716/17, seine Grundmauern sind aber noch älter. Das »Karräsperle« war der ehemalige **Dorfarrest** und ist, wie verschiedene Steinkreuze auch, fest in die Stützmauer der alten Friedhofsterrasse eingemauert.

Beim **Gasthaus zum Hirsch** handelt es sich um das älteste Gasthaus im Remstal, es wurde 1610 erbaut. Man findet noch einige schöne **Fachwerkhäuser** im Ort, so zum Beispiel das Bauamt, Lederstraße 3, und das Gebäude Schillerstraße 20. Der **Röhrenbrunnen** stammt von 1746. Grunbach ist der

Geburtsort Ernst Heinkels, des berühmten Flugzeugkonstrukteurs, der nach seinem Tod im Jahr 1959 hier auch begraben wurde.

- **Länge:**
  12 Kilometer.

- **Zeit:**
  4 bis 5 Stunden.

- **Höhenunterschied:**
  450 Meter.

- **Empfohlene Karte:**
  1 : 50 000 Freizeitkarte 520 Stuttgart, Landesvermessungsamt Baden-Württemberg.

- **Grillgelegenheit:**
  Karlstein.

- **Sonstiges:**
  Wir wandern vor allem auf befestigten Wegen, stellenweise aber auch auf Naturpfaden.

- **Verkehrsmittel:**
  S-Bahn.

- **Einkehrmöglichkeiten:**
  In den Orten unterwegs.

Durch Weinberge und über den Schurwald

Untertürkheim – Rotenberg – Kernenturm – Kappelberg – Fellbach

Der Vorteil von Wanderungen in der näheren Umgebung Stuttgarts ist, dass man die S-Bahn nutzen kann und somit nicht unbedingt an den Ausgangspunkt zurückkehren muss. Dies wollen wir bei dieser Tour ausnützen: Sie führt uns anfangs und gegen Ende auf aussichtsreichen Strecken durch Weinberge, dazwischen genießen wir den Schurwald und den prächtigen Rundumblick vom Kernenturm.

■ **Ausgangspunkt:**
Untertürkheim.

■ **Wegverlauf:**
An der *S-Bahn-Station* in Stuttgart-Untertürkheim sehen wir bereits das Wanderzeichen, das uns den Weg zum »Rotenberg« weist.

Wir verlassen die *S-Bahn-Station* auf der Stadtseite und nehmen rechts von ihr die Widdersteinstraße, biegen in der Stubaier Straße nach rechts ab und nehmen dann gleich die Großglocknerstraße nach links. Ihr folgen wir nun eine Zeit lang bis zu einer Verzweigung, hier biegen wir rechts in die Württembergstraße ab. Kurz darauf nehmen wir rechts die Rotenberger

Steige, deren Namen uns verrät, was uns nun erwartet: ein Anstieg.

Wir gehen bis zum *Gedenkstein* zur Rebflurbereinigung und biegen hier nach rechts ab. Es geht nun etwas sanfter bergauf bis zu einem querenden Weg, in den wir nach links einbiegen. Er bringt uns an den Fuß des Hügels, auf dem die *Grabkapelle* steht, zu der wir aufsteigen sollten.

Rotenberg (411 m)
Auf dem Rotenberg steht die von König Wilhelm I. 1820 bis 1824 erbaute **Grabkapelle** für die 1819 verstorbene Königin Katharina Pawlowna, einer Schwester des russischen Zaren. Baumeister war Hof-

Nach der Besichtigung gehen wir, von unserem Anmarschweg aus gesehen, nach rechts Richtung *Rotenberg* (Wanderzeichen roter Strich). Im Ort zieht die Straße nach rechts, wir gehen an einer Querstraße ein paar Meter nach rechts hinaus zum Blasiusweg, der direkt oberhalb der Weinberge verläuft und halten uns hier links.

Der Weg zieht hoch über Uhlbach dahin, erst etwas bergab, dann wieder leicht hinauf, am Schluss in einer u-förmigen Kurve nach links zum Karl-Münchinger-Weg. Hier geht der mit einem roten Strich gekennzeichnete Weg nach rechts ab. Immer geradeaus und in leichtem Auf und Ab, am Schluss nur noch abwärts, bringt er uns zum Waldrand und etwas später zum *Tor* mit der Gastwirtschaft »Sieben Linden«. Hier biegen wir mit dem Zeichen nach links ab in Richtung »Kernenturm«. Es geht nun erst etwas bergab in eine feuchte Senke mit einem Bachlauf hinunter, dann wieder eine Zeit lang bergauf. Nach einer Weile mündet der mit blauem Strich gekennzeichnete Weg in unseren, später treffen wir auf ein asphaltiertes Sträßchen. Kurz danach müssen wir zum »Kernenturm« nach links abbiegen. Immer geradeaus und berg-

architekt Giovanni Salucci, Vorbild dafür war das Pantheon in Rom. Innen kann man unter anderem Werke der Bildhauer Johann Heinrich Dannecker und Bertel Thorvaldsen sehen.

Begraben wurden hier neben Königin Katharina auch König Wilhelm I. und eine Tochter der beiden. Das Gebäude unterhalb der Kapelle wurde ebenfalls von Salucci entworfen.

Auf dem zur Bauzeit noch Wirtemberg genannten Berg befand sich 800 Jahre lang die Stammburg der Württemberger. Diese Stammburg wurde wohl um 1070 bis 1080 von Freiherr Conrad von Wirtinberc errichtet, 1311 von den Esslingern zerstört und nochmals im Jahr 1519 vom Heer des Schwä-

Blick vom Kappelberg zum Rotenberg

auf marschierend erreichen wir schließlich den *Aussichtsturm.*

Der 513 Meter hoch gelegene **Kernenturm** wurde 1896 eingeweiht, die Unterstellhütte 1930 errichtet. Der herrlichen Rundumsicht wegen sollte man den 27 Meter hohen Turm besteigen (und auch den dezenten Hinweis des Albvereins »Lieber Wanderer! Trittst Du hier ein, wirf aus Dank Dein Scherflein ein.« nicht übersehen): Immerhin hat man, abgesehen vom Stuttgarter Fernsehturm, nur von hier einen derart faszinierenden Rundblick über fast das ganze Unterland von Heilbronn bis zum Albvorland und zum Albtrauf.
Nach dem auf der höchsten Stelle des Schurwaldes liegenden Kernenturm ist der gleichnamige Ort Kernen im Remstal mit den Teilorten Stetten und Rommelshausen benannt.

Von dort aus wandern wir auf dem schmalen, später asphaltierten und steil bergab führenden Weglein geradeaus weiter. Es mündet in einen anderen Weg, dann treffen wir auf einen querenden Asphaltweg, dem wir nach rechts folgen.

An der folgenden Verzweigung bleiben wir auf dem rechten Weg, an der nächsten auf dem linken, beidesmal in Richtung »Kappelberg«. Bald kommen wir an einem Platz mit vielen Trimm-Geräten vorbei, hier bleiben wir bei der Verzweigung rechts. Gleich danach sind wir auf der Gipfelkuppe des *Kappelbergs* (s. unten). Die Aussicht ist leider etwas zugewachsen. Wenn wir aber geradeaus weitergehen, nun auf schmalem Pfad, kommen wir noch an anderen Aussichtspunkten vorbei, die uns prächtige Blicke auf Untertürkheim und die Grabkapelle auf dem Rotenberg bieten. Wir sollten auch die Schilder beachten, die uns einiges über den Kappelberg, seine Geschichte sowie über Flora und Fauna des Berges erzählen. Schließlich treffen wir auf einen asphaltierten Weg, dem wir kurz nach rechts bis zu einem Querweg folgen, hier biegen wir nach rechts ab.

Auf dem 469 Meter hohen, in einem Landschaftsschutzgebiet gelegenen **Kappelberg** haben sich in der Mittleren Steinzeit vor 10 000 bis 5500 Jahren vielleicht Jäger niedergelassen. Hier befand sich auch eine Fliehburg, die mit einer in der Nähe gelegenen Höhensiedlung aus der Bronzezeit verbunden war. Sie war durch Wälle, Gräben und Palisadenzäune gesichert. Jedenfalls lassen die Funde und Erdwälle aus der Mittleren Stein-, der Bronze- und der Urnenfelderzeit hier auf ein reiches vorgeschichtliches Leben schließen. Auch ein Bild des Gottes Mithras und Scherbenreste wurden in den Weinbergen der Umgebung gefunden. Den Namen hat der Berg von einer kleinen Kapelle, deren Ursprünge in der Spätantike liegen. Beim Gasthof »Waldschlössle« erinnert ein Gedenkstein daran: »Hier stand eine Wallfahrtskapelle, die dem Berg seinen Namen gab. Nach der Reformation verlor sie ihre religiöse Funktion und wurde bis zu ihrem Abriss 1826 von Waldschützen bewohnt.« 1968 hat man hier auch die Grundmauern und Ruinen einer einstigen Burg der Grafen von Württemberg freigelegt.

Der rund 150 Meter über dem Tal sich erhebende Höhenrücken ist vom Stubensandstein geprägt. Man findet mächtige Blöcke aus löcherigem, dolomitischen Kalkgestein, in das oft porzellanweiße Rosetten aus Schwerspat eingelagert sind.

Interessant ist die als »Steppenheide« bezeichnete trockenheitsliebende Flora auf dem Berg. Zwei Hektar davon stehen unter Naturschutz und mitsamt der Umgebung sind 2072 Hektar als Landschaftsschutzgebiet ausgewiesen.

Auf dem Berg gibt es einen Lehrpfad mit zehn interessanten Tafeln, die über Natur und Geschichte des Berges informieren.

Etwas später kommen wir an den Restaurants »Panorama« und »Waldschlössle« vorbei; ein Gedenkstein

Waldschenke

7 **Linden**   *Fam.* *Großmann*

Finsterklinge Gewann 1
Tel.: 0711 / 373616 • Fax: 0711 / 3704937
70327 STUTTGART

Donnerstag bis 15.00 h geöffnet, Freitag Ruhetag
Wir freuen uns auf Ihren Besuch!

erinnert an die früher hier gewesene Kapelle, ihr verdankt der Kappelberg auch seinen Namen. Nun orientieren wir uns links, nehmen aber gleich die nach links abwärts gehenden Stufen; der rote Balken weist uns den Weg, der uns bald nach *Fellbach* bringt.

Fellbach (287 m)

1121 ist erstmals von Fellbach die Rede: In der Zwiefaltener Chronik heißt es, die »erlauchte Pfalzgräfin von Calw« habe dem Kloster Zwiefalten einen »lichten Wald und mehr als 20 Morgen Weinberge«, bei Türkheim und Fellbach gelegen, geschenkt. Auch heute noch besitzt Fellbach zahlreiche Weinberge und jedes Jahr, jeweils am zweiten Wochenende im Oktober findet der so genannte Fellbacher Herbst, eines der größten Erntedank-, Heimat- und Weinfeste Süddeutschlands, statt.

Wenn man durch die Stadt bummelt, sieht man immer wieder alte, bemerkenswerte Häuser. Beispielsweise stammt das **Haus Vordere Straße 7** von 1748; es besitzt einen Neidkopf und eine schöne Holztüre. Das **Alte Rathaus,** Cannstatter Straße 16, wurde 1595 erbaut und 1912 umgebaut. Turm und Chor der **Lutherkirche** sind von 1524, das Schiff von 1779. Sie besitzt unter anderem eine schöne Kanzel der Spätrenaissance (1673) und ein lebensgroßes Kruzifix aus Sandstein von 1611.

Am Ortsanfang gehen wir an der Weingärtnergenossenschaft vorbei,

danach überqueren wir einen Kreisverkehr. Wer möchte, kann jetzt von der nächsten Bushaltestelle aus mit dem Bus zur S-Bahn-Station fahren. Ansonsten spazieren wir weiter, biegen an der Linkskurve mit der vorfahrtsberechtigten Vorderen Straße nach links ab und gleich danach beim Löwenbrunnen nach rechts. Es geht nun immer geradeaus, später zieht die Straße nach links. Zunächst durch die Cannstatter Straße, dann durch die Bahnhofstraße, marschieren wir zur *S-Bahn-Station.*

■ **Länge:**
15 Kilometer.

■ **Zeit:**
4 bis 5 Stunden.

■ **Höhenunterschied:**
400 Meter.

■ **Empfohlene Karte:**
1 : 50 000 Freizeitkarte 520 Stuttgart, Landesvermessungsamt Baden-Württemberg.

■ **Grillgelegenheit:**
Nach Rotenberg, Kappelberg.

■ **Sonstiges:**
Die Wanderung verläuft überwiegend auf befestigten Wegen.

■ **Verkehrsmittel:**
S-Bahn.

■ **Einkehrmöglichkeiten:**
Untertürkheim, Rotenberg, Sieben-Linden, unterhalb vom Kappelberg (Gasthof »Waldschlössle«), Fellbach.

Über den Korber Kopf nach Winnenden

Waiblingen – Korb – Hanweiler – Winnenden

Diese Wanderung führt uns zuerst durch die schöne Fachwerkstadt Waiblingen, in der es noch so manche Spitzwegidylle zu entdecken gibt, anschließend geht es weiter nach Korb und durch die Weinberge steil hinauf zum aussichtsreichen Korber Kopf. Durch Wald und Wiesentälchen spazieren wir dann nach Winnenden, wo sich ein abschließender Stadtrundgang ebenfalls lohnt.

■ **Ausgangspunkt:**
Waiblingen.

■ **Wegverlauf:**
Wir starten in *Waiblingen* am Bahnhof. Wir verlassen ihn Richtung Innenstadt, halten uns rechts, überqueren gleich darauf eine Straße und spazieren nun die Bahnhofstraße hinab bis zu dem großen Gebäude der Kreissparkasse am *Alten Postplatz* (bis hierher könnte man auch mit dem Bus fahren). Nun biegen wir nach links ab, der Beschilderung Richtung »Altstadt« folgend. Man sollte sich hier Zeit lassen und die zahlreichen Fachwerkhäuser, die verwinkelten Gassen, die so manch reizvollen Durchblick ermöglichen, sowie die vielen Details an den Häu-

sern – erwähnt seien nur die so genannten »Neidköpfe« – genauer ansehen. Wir nehmen erst die Lange Straße, dann die nach rechts abzweigende Kurze Straße, die uns zu dem modernen Bau am Marktdreieck bringt.

Rechts an ihm vorbei kommen wir zum Alten Rathaus mit seinen Arkaden. Wir gehen auch an ihm vorüber, dahinter fällt die Kurze Straße wieder nach rechts ab. Kurz darauf folgen wir dem nach rechts weisenden Schild zum »Bädertörle«, einem Durchgang durch die alte Stadtmauer. Hinter dem Tor sind wir in einer schönen Parklandschaft. Wir spazieren nun gerade aus weiter zum Bürgerzentrum und rechts an ihm vorbei bis zur dahinter

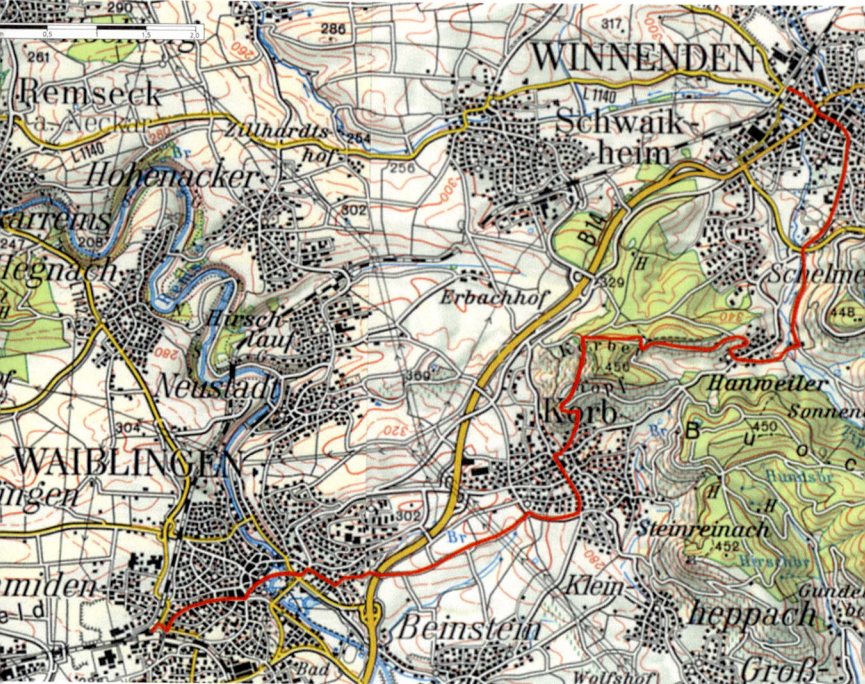

verlaufenden Winnender Straße. Hier halten wir uns kurz nach links, dann unterqueren wir diese Straße und gehen noch in der Unterführung nach links, nach ihr orientieren wir uns rechts. Es geht nun kurz links der Straße »An der Talaue« weiter. Nach dem Parkplatz biegen wir mit dem Wanderzeichen rotes Kreuz nach links in die Henri-Dunant-Straße ein, halten uns gleich rechts, dann links in Richtung »Korber Kopf« und wandern an der kleinen Kapelle gleich darauf links vorbei in die Straße »Am Kätzenbach«. Kurz danach zweigen wir nach rechts in den Holzweg ab. Nun

steigt es etwas an, auf der Höhe verlassen wir Waiblingen und marschieren über die freie Fläche nach *Korb*.

Korb (296 m)

»Das Clima ist mild und gesund, der Boden fruchtbar. … Auch ist der Korber sparsam, sehr fleißig und haushälterisch …«
Beschreibung des Oberamts Waiblingen, 1850.

Der Name des 1270 erstmals erwähnte Ortes soll von »herb« oder »horb« kommen und sich auf den schwer zu bearbeitenden Boden beziehen. Trotzdem war der Korber Wein so berühmt, dass er sogar am kaiserlichen Hof in Wien getrunken wurde.

Der Kirchturm, der älteste Teil der **evangelischen Pfarrkirche,** stammt von 1487. Das **Rathaus** wurde 1656 neu erbaut, das Erdgeschoss ist jedoch älter. Am Kelterplatz stehen die alte **Kelter** von 1814 und ein historisches **Weingärtnerhaus** (um 1560), dahinter die Bäckerlinde. Bei einem Gang durch den Ort kommt man an einigen Fachwerkhäusern und am alten Dorfbrunnen vorbei.

In Korb halten wir uns vor den Häusern erst rechts, dann biegen wir nach links in die Steinstraße ein. Es geht bis zur Waiblinger Straße, hier gehen wir kurz nach rechts, dann aber gleich nach links bis zu einer Kreuzung. Hinter ihr steigen wir nach rechts in die J.-F.-Weishaar-Straße hinauf, zwischen Rathaus und Kirche hindurch. Nach der Kir-

Weinberghäuschen am Korber Kopf

che nehmen wir den nach links aufwärts ziehenden Weg, der uns zum Ortsrand bringt.

Gleich nach den Häusern müssen wir nach links durch die Weinberge auf Steinstufen steil hinauf steigen. Wir überqueren einen Weg, danach geht es noch einmal kurz auf Stufen hoch, bis wir am nächsten Querweg sind. Man hat sicherlich beim Aufstieg ab und zu verschnauft und den Blick auf Korb, das Remstal und die dahinter liegenden Höhen des Schurwaldes genossen. Nun halten wir uns links und umrunden den aussichtsreichen Kapf, der sich unterhalb des *Korber Kopfs* befindet. Wanderzeichen sind hier, wie leider allgemein in Weinbergen üblich, kaum welche zu finden. Nach der »Umrundung« treffen wir vor einem Gesteinsaufschluss auf einen von rechts kommenden Weg, wir nehmen aber den nach links führenden, etwas aufwärts ziehenden Weg. Er bringt uns zu einem Weingärtnerhäuschen, wo wir eine Tafel zum Thema »Weinbau in Korb« lesen können. Danach kommen wir in den Wald und bald an eine Weggabelung.

Wir nehmen den mittleren, etwas abwärts führenden Weg, der mit dem Zeichen des Württembergischen Weinwanderwegs markiert ist. An der nächsten Verzweigung halten wir uns rechts (am Baum rechts sehen wir das Waldabteilungsschild »2 Korber Kopf 2 Mössnersrain«). Die erste Verzweigung zum Hanweiler Sattel ignorieren wir, an der zweiten biegen wir nach rechts ab. Erst wenn der Wald aufhört, finden wir das Wanderzeichen blauer Punkt. Nun geht es steil hinab nach *Hanweiler*. Nach der scharfen Kurve bei der evangelischen Kirche kommen wir zur Durchgangsstraße, die wir überqueren. Auf der anderen Straßenseite biegen wir in die Rieslingstraße ein. Etwas später halten wir uns bei einem Querweg links, überqueren den Zipfelbach und biegen danach links ab.

Wir spazieren nun durch die Bachaue in Richtung Winnenden. Wo es nach rechts zum Wunnebad geht, überqueren wir erst eine Straße, danach unterqueren wir nach rechts die nächste. Wir halten uns nun an das Radwegschild nach »Leutenbach«. Es geht jetzt ein Stück am Bach entlang, bis nach links der Holunderweg abgeht. Hier spazieren wir nach rechts über die Brücke in Richtung Krankenhaus (Wanderzeichen blauer Punkt).

Wir gehen links an der Schlosskirche vorbei bis zur Wendeplatte (mit Baum) vor dem Krankenhaus, hier biegen wir nach links in die Schlossstraße ein. Auf ihr gehen wir geradeaus bis zur Fußgängerzone in der Marktstraße, wo wir direkt auf einen sehenswerten Brunnen zuwandern. Wir halten uns links und spazieren durch den Schwaikheimer Torturm aus der Altstadt hinaus. Etwas danach unterqueren wir die B 14 und gehen dahinter geradeaus in wenigen Minuten zum *Bahnhof*.

Blick vom Korber zum Kleinheppacher Kopf

■ **Länge:**
13 Kilometer.

■ **Zeit:**
4 Stunden.

■ **Höhenunterschied:**
200 Meter.

■ **Empfohlene Karte:**
1 : 50 000 Freizeitkarte 520 Stuttgart, Landesvermessungsamt Baden-Württemberg.

■ **Sonstiges:**
Die Wanderung verläuft auf befestigten und Naturwegen. Bademöglichkeit im Wunnebad in Winnenden.

■ **Verkehrsmittel:**
S-Bahn.

■ **Einkehrmöglichkeiten:**
Waiblingen, Korb, Winnenden.

Durchs Remstal nach Waiblingen

Neckarrems – Remstal – Waiblingen

Diese herrliche Tour führt von der Remsmündung bei Remseck entlang des Flüsschens nach Waiblingen. Im Frühsommer riecht es nach Bärlauch, ist man frühmorgens unterwegs, zwitschern die Vögel; ein Naturschutzgebiet wechselt sich mit dem nächsten ab, ein scheinbar unberührtes Flüsslein plätschert entlang des Wanderwegs und am Schluss der Wanderung lohnt ein Gang durch die malerischen Gassen Waiblingens. Idylle pur!

■ **Ausgangspunkt:**
Neckarrems.

■ **Wegverlauf:**
Wir beginnen an der Endhaltestelle der U 14 in *Neckarrems* (s. S. 125). Hier gehen wir mit dem Wanderzeichen rotes Kreuz, das uns bis Waiblingen begleiten wird, in der Verlängerung der Schienen durch die Unterführung hindurch und danach auf der modernen, 1990 errichteten Holzbrücke nach rechts. Links sehen wir, wie die Rems in den Neckar mündet.

Wir spazieren zwischen der Skulptur und dem neuen Remsecker Rathaus hindurch, überqueren eine Straße, gehen ein Stück der Straße entlang und nehmen kurz danach den Weg, der nach links von der Straße abzweigt. Ab nun können wir unsere Route nicht mehr verfehlen, denn es geht immer der Rems entlang.

Das **untere Remstal** zwischen Waiblingen und der Mündung des Flusses in den Neckar ist ein ökologisch besonders wertvoller Abschnitt. Das bis zu achtzig Meter in den Muschelkalk eingeschnittene Tal bietet mit den angrenzenden Hängen eine abwechslungsreiche Landschaft: Wälder, Buschwerk, Streuobstwiesen und Gärten sowie ehemalige Weinbauterrassen – das Remstal galt vor rund hundert Jahren immerhin als eines »der weinbaureichsten Täler Württembergs«.

Es gibt hier seltene und gefährdete Vogelarten wie den Eisvogel, den Flussuferläufer, den Neuntöter und die Nachtigall, außerdem wurden im Rahmen des Vogelzugs Weißstorch, Wiedehopf, Fischadler, Blaukehlchen und Großer Brachvogel beobachtet. Und an der Rems- beziehungsweise Vogelmühle brütet die Wasseramsel.

Reptilien, wie die Schlingnatter und die Mauereidechse, haben in dem Tal ebenfalls ein Zuhause gefunden. Es wechseln sich flache Gleithänge mit steilen Prallhängen ab; an den nach Süden exponierten Hängen sieht man heute noch zahlreiche Natursteinmauern, die daran erinnern, wie mühselig der Weinbau früher war. Die trocken aufeinander geschichteten Steine bieten vielen wärmeliebenden Tieren einen Unterschlupf und auch bei den Pflanzen haben sich ganz spezielle Lebensgemeinschaften entwickelt. So hat man hier schon zahlreiche seltene Pflanzenarten entdeckt, darunter einige Orchideen. Botanische Kostbarkeiten sind außerdem der feste Lerchensporn, der Blaustern, Wunderveilchen, Schwalbenwurz, Wald-Bergminze, Waldwicke, die kleine Traubenhyazinthe oder das langblättrige Hasenohr.

Wir wandern nun eine Weile rechts der Rems, dann müssen wir bei der *Remsmühle* nach links über die Brücke und uns gleich danach wieder rechts halten.

Die **Remsmühle** bei Hohenacker ist seit 1864 als Getreidemühle bekannt. Sie besaß drei Wasserräder.

Seit sie in den dreißiger Jahren des 20. Jahrhunderts an Karl Vogel kam, heißt sie auch Vogelmühle. 1986/87 wurde sie renoviert, heute erzeugt sie Strom für rund sechzig Haushalte.

Einige Zeit später müssen wir wieder auf die andere Flussseite. Nun sind wir bald in *Waiblingen,* wo wir uns immer noch an der Rems beziehungsweise an der Beschilderung Richtung Altstadt orientieren. Bald kommen wir an der *Häckermühle* vorbei.

Die **Häckermühle** betrieb früher unter anderem eine Säge, eine Hanf-reibe, eine Tuchwalkmühle und ein Weißgerberwalk. 1829 wurde von ihr geschrieben: »Vier Mahl- und ein Gerbgang mit vier Rädern, zwei Ge-hilfen; das Werk ist gut eingerichtet und mahlt schnell und gut.« Heute dient auch sie der Stromgewinnung.

Kurz vor der Remsmündung

Durch die Straße »Weingärtner Vor-stadt« spazieren wir zum Bein-steiner Torturm; hier gehen wir kurz nach rechts, dann aber durch die schmale Gasse nach links. Nun se-hen wir bald das *Bädertörle,* wo sich ein Stück begehbare Stadtmauer befindet. Hier nehmen wir die aufwärts ziehende Gasse, die uns zur Kurzen Straße bringt; ihr folgen wir, am modernen Marktdreieck vorbei, bis zur Langen Straße. Wir

Lichtzauber an der Rems

halten uns links und verlassen die Altstadt. Ab dem Alten Postplatz können wir mit dem Bus bis zum *Bahnhof* fahren, wir können aber auch einfach die Bahnhofstraße entlangbummeln.

■ **Länge:**
14 Kilometer.

■ **Zeit:**
3 bis 4 Stunden.

■ **Höhenunterschied:**
Unwesentlich.

■ **Empfohlene Karte:**
1 : 50 000 Freizeitkarte 520 Stuttgart, Landesvermessungsamt Baden-Württemberg.

■ **Sonstiges:**
Die Tour verläuft auf Natur-pfaden und asphaltierten Wegen.

■ **Verkehrsmittel:**
Stadtbahn, S-Bahn.

■ **Einkehrmoglichkeiten:**
Remseck, Waiblingen.

Teil 2
Radtouren

Vom Remstal auf die Alb

*Waldhausen – Rattenharz – Wäschenbeuren –
Straßdorf – Schwäbisch Gmünd – Waldhausen*

Bei dieser Radtour fahren wir vom Remstal hinauf auf die Höhe, wo wir das interessante Wäscherschlössle besuchen. Anschließend radeln wir gemütlich flach und mit großartiger Aussicht auf die Kaiserberge weiter, dann geht es hinab nach Schwäbisch Gmünd. Wer will, kann der alten Stauferstadt einen Besuch abstatten. Anschließend rollen wir im Remstal zurück zum Ausgangspunkt.

■ **Ausgangspunkt:**
Waldhausen.

■ **Wegverlauf:**
Parkplätze gibt es am Bahnhof von *Waldhausen*. Nun fahren wir westlich des Bahnhofs zur Ortsmitte in Richtung »Rattenharz«. Wenn wir bei der Kirche angelangt sind, nehmen wir die aufwärts führende Straße. Es steigt nun eine ganze Zeit lang an, zum Glück meist im schattigen Wald. In *Rattenharz* angekommen haben wir dann die ganze Steigung geschafft, die diese Tour uns abverlangt, ab nun geht es fast immer eben oder bergab. Wir radeln bis zur Kirche und biegen vor ihr mit dem Wanderzeichen blaues Kreuz nach rechts ab. Am zweiten nach links abgehenden Weg bei dem Schuppen halten wir uns links bis zu einem Querweg, wo es nicht mehr weitergeht. Hier biegen wir rechts ab nach *Unterkirneck*.

Wir rollen durch diesen Ort hindurch bis zur B 297, vor ihr biegen wir nach rechts ab und fahren auf dem Radweg bis zum Ortsanfang von *Wäschenbeuren*. Bei den ersten Häusern biegen wir nach links ab zur Bundesstraße, hier geht es etwas nach links versetzt auf der anderen Seite weiter (Richtung »Ziegelhütte«). Wir fahren aber nicht zur Ziegelhütte, sondern geradeaus weiter, an der nächsten Verzweigung halten wir uns links Richtung Wasserturm. In dem Gebüsch vor dem Turm, auf der Karte als Burgstall angegeben, befand sich die erste Burgstelle der Staufer.

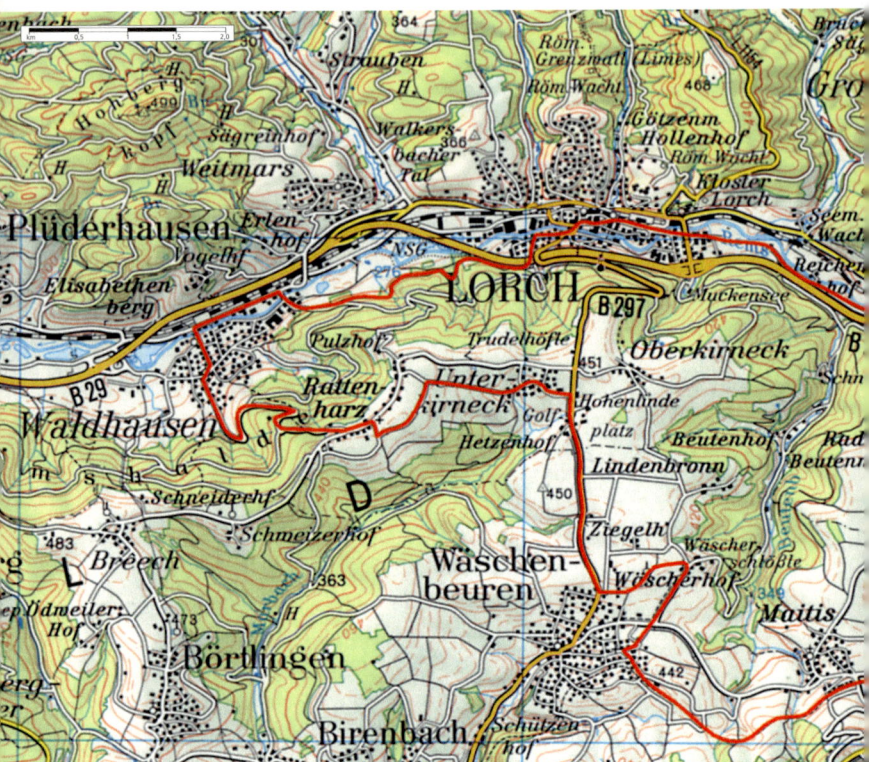

Auf dem **Burgstall** oder **Burren** wurde in der Zeit um 1000 bis 1050 eine erste romanische Anlage mit einem viereckigen Turm und Palisaden erbaut, der Erbauer könnte vielleicht Friedrich von Büren, eine der ersten bekannten Personen aus der Familie der Staufer, gewesen sein. Um 1250 bis 1300 entstand eine zweite, gotische Anlage. Über ihre Zerstörung ist nichts bekannt. Um 1750 wurde eine dritte Anlage erbaut, die 1861 auf Abbruch verkauft wurde.

Nach dem Wasserturm biegen wir nach rechts ab Richtung *Wäscherhof*. Bei der Kapelle vor den Häusern müssen wir zwar später nach rechts abbiegen, zuerst fahren wir aber geradeaus weiter zum *Wäscherschlössle* (s. S. 22).

Anschließend kehren wir wieder zu der Kapelle zurück. Nun geht es natürlich nach links. Wir überqueren die nächste Landstraße und fahren in das Gewerbe- und Wohngebiet hinein bis zur Rechbergstraße (blauer Strich), hier geht es

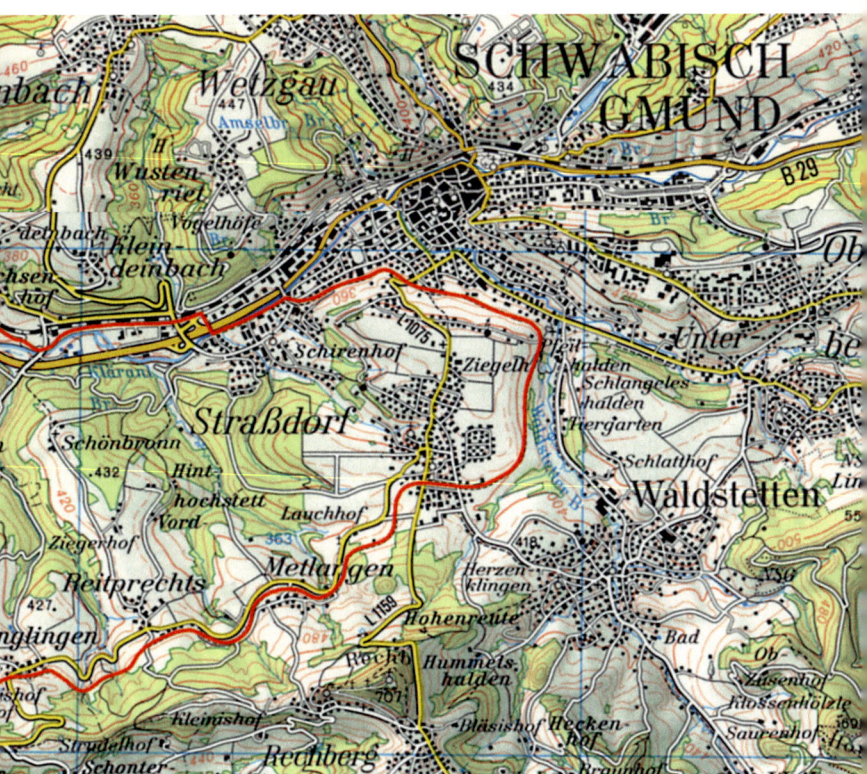

nach links. Kurz darauf müssen wir nach rechts über die Brücke, dann aber gleich wieder nach links. Von den beiden parallel verlaufenden Wegen nehmen wir den linken, bald ohne Wanderzeichen.

Nun fahren wir auf dem gut ausgebauten Radweg, immer eben und mit prächtiger Aussicht auf die Kaiserberge und zeitweise auch zum Wäscherschlössle, vorbei an *Maitis*, *Lenglingen*, *Reitprechts* und *Metlangen* nach *Straßdorf*. Hier überqueren wir rechts der Kirche die Landstraße

und behalten unsere Richtung bei. Der Radweg zieht bald darauf nach links und wir fahren hoch über *Schwäbisch Gmünd* (s. S. 138).

Wer in die Stadt will, hält sich am Weg mit dem blauen Kreuz oder spätestens an der von Straßdorf kommenden Landstraße rechts. Nach der Stadtbesichtigung schwingen wir uns wieder aufs Rad und fahren entlang der Rems neben der B 29 in Richtung Stuttgart, bis wir wieder auf den Radweg treffen, den wir verlassen haben.

Wer die Stadt nicht besucht, überquert die von Straßdorf kommende Straße; es geht hinab, wir überqueren auf einer Brücke eine Straße und treffen dahinter an der Rems den vom Zentrum kommenden Radweg. Nun rollen wir nach links entlang der Rems weiter, der Weg ist immer gut beschildert. Nach einiger Zeit müssen wir die Bundesstraße auf einer Brücke überqueren, dahinter fahren wir eine Zeit lang an der

Blick auf Waldhausen

Fachwerk hat auch was mit Kunst zu tun: Ecke eines Fachwerkhauses in Schwäbisch Gmünd

Bahnlinie entlang, dann zieht der Radweg nach links von den Schienen weg.

Einige Zeit später sind wir in *Lorch* (s. S. 93). Hier folgen wir der Beschilderung in Richtung »Schorndorf« ins Zentrum. Von dort aus radeln wir auf der nach Wäschenbeuren führenden Straße nach links über den Fluss, wo diese nach links hochzieht, zweigen wir nach rechts ab. Nach der Neuapostolischen Kirche geht der Radweg nach links ab, unterquert die Bundesstraße, dahinter halten wir uns rechts. Mit etwas Auf und Ab radeln wir nun durch die Remstalauen und am Waldrand entlang bis zum Gewerbegebiet *Waldhäuser Mühle*. Hier fahren wir nach rechts zur Landstraße vor den Gleisen und dann nach links zurück zum *Bahnhof*.

■ **Länge:**
44 Kilometer.

■ **Zeit:**
3 Stunden.

■ **Höhenunterschied:**
230 Meter.

■ **Empfohlene Karte:**
1 : 50 000 Freizeitkarte 521 Göppingen, Landesvermessungsamt Baden-Württemberg.

■ **Grillgelegenheit:**
Nach Straßdorf.

■ **Sonstiges:**
Die Tour verläuft fast ausschließlich auf Radwegen.

■ **Verkehrsmittel:**
Bahn.

■ **Einkehrmöglichkeiten:**
In den Orten unterwegs.

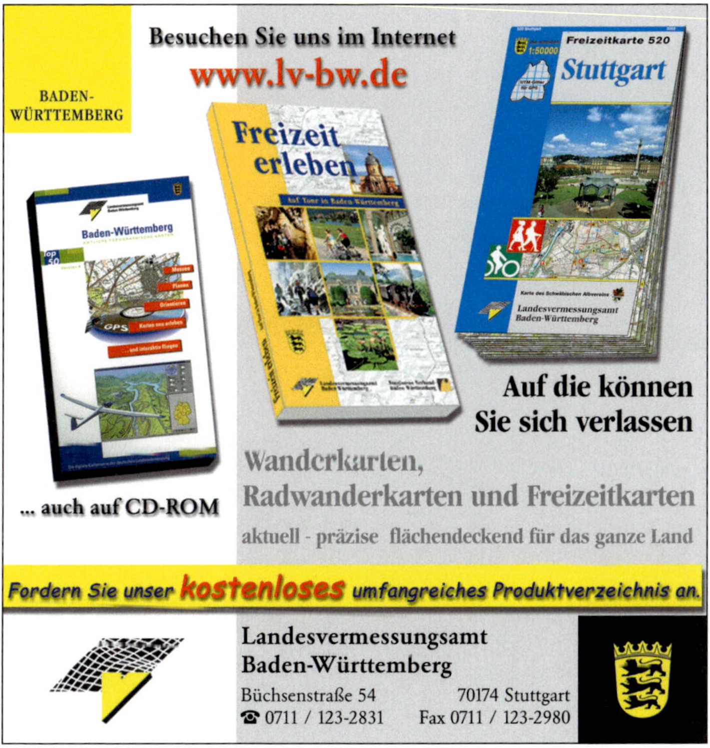

Besuchen Sie uns im Internet
www.lv-bw.de

BADEN-WÜRTTEMBERG

Freizeit erleben

Freizeitkarte 520
1:50000
Stuttgart

Auf die können Sie sich verlassen

... auch auf CD-ROM

Wanderkarten, Radwanderkarten und Freizeitkarten

aktuell - präzise flächendeckend für das ganze Land

Fordern Sie unser **kostenloses** umfangreiches Produktverzeichnis an.

Landesvermessungsamt Baden-Württemberg
Büchsenstraße 54   70174 Stuttgart
☎ 0711 / 123-2831   Fax 0711 / 123-2980

Von Lorch ins idyllische Schweizerbachtal

Lorch – Schweizerbachtal – Alfdorf – Lorch

Bei dieser recht kurzen Radtour fahren wir von Lorch aus durch das Tal des Schweizerbaches, einem überaus idyllischen Tälchen mit einem Bach, der sich noch »wie zu Großmutters Zeiten« durch die Wiesen schlängeln darf, auf die Höhe in die »Zwei-Schlösser-Stadt« Alfdorf. Außer den sehenswerten Orten Lorch und Alfdorf kann man auf der Tour die weiten Aussichten genießen, die sich immer wieder bieten.

■ **Ausgangspunkt:**
Lorch.

■ **Wegverlauf:**
Vom Bahnhof aus verlassen wir *Lorch* nach Osten in Richtung »Schwäbisch Gmünd«. Wo aber die Hauptstraße kurz darauf nach rechts über die Rems zieht, fahren wir geradeaus weiter (»Nebenstrecke, Deutsche Limesstraße«). Vor dem *Wachthaus* biegen wir nach links ab in Richtung »Haselbach«. Wir durchfahren nun das idyllische *Schweizerbachtal,* vorbei an der Brucker und der Maierhofer Sägemühle bis *Haselbach.* Hier biegen wir nach links ab. Nun geht es bergauf bis *Alfdorf.*

Alfdorf (500 m)
Der Ort wurde 1143 erstmals als Alechtorf erwähnt. Das Kloster Anhausen hatte damals Besitz bei Alfdorf, der 1327 an das Kloster Lorch überging. Als Lehen oder durch Kauf gelangten Dorf und Burgstall teils an Württemberg, teils an Rechberg und – nach einigen Vorbesitzern – um 1640 an Georg Friedrich vom Holtz.
Die **Stephanuskirche** – man hat sie auch schon als die schönste Kirche des Umkreises bezeichnet – wurde 1776 in spätbarockem Stil erbaut; in ihrem Inneren befindet sich ein wertvolles Altarkreuz, das 1688 vom Bildhauer Grünewald aus Stuttgart geschaffen wurde.

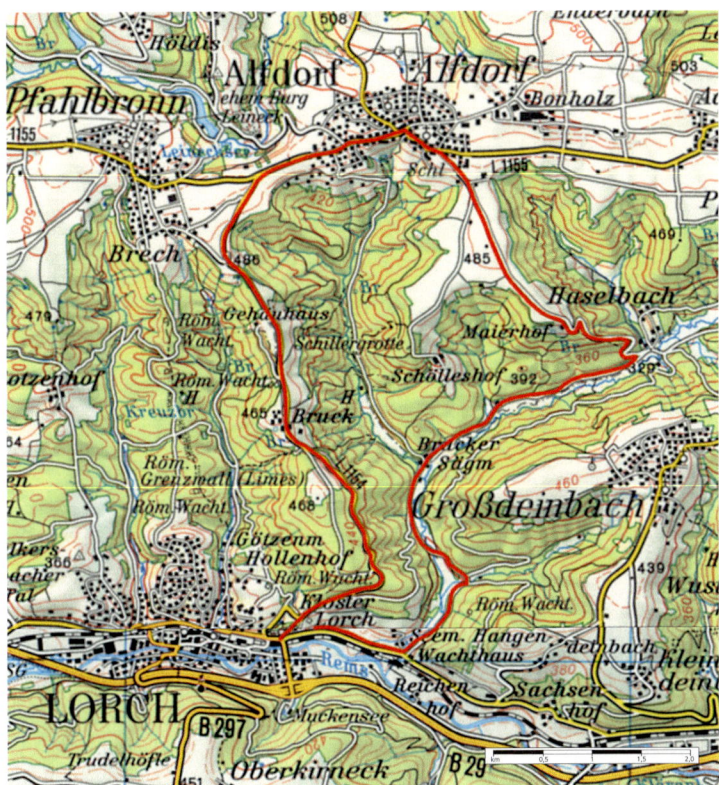

Beachtung verdient auch die schöne Stuckdecke.

Im Ort stehen zwei Renaissance-Schlösser, die im Besitz der Herren von Neuhausen waren: das **Untere** (1550) und das **Obere Schloss** (1602). Im Oberen Schloss ist heute die Gemeindeverwaltung untergebracht, hier befindet sich über dem Eingang eine Schrifttafel mit der Inschrift: »Nach der Geburt Christi Jar/Diß new Adelich Haus Erbaut War/In Gottes Namen durch den Edlen/Philips von Und Zu Neuhausen«. Am Unteren Schloss sind über dem Torbau die Wappen der Freiherrn vom Holtz mit der Jahreszahl 1642 angebracht. Beachtenswert ist auch die tausendjährige **Linde** in der Ortsmitte.

In Alfdorf halten wir uns an der Durchgangsstraße links und verlassen den Ort in Richtung »Schorndorf«. Etwa 600 Meter nach den letzten Häusern nehmen wir die Abzweigung nach links in Richtung »Lorch«. Es folgt eine herrliche lange Abfahrt mit prächtiger Sicht zur Schwäbischen Alb über *Bruck* zum *Kloster Lorch*.

Kloster Lorch

Das ehemalige Benediktinerkloster Sankt Peter und Paul liegt auf einer Anhöhe über der Stadt und wurde um 1100 von Herzog Friedrich I. von Schwaben und seiner Gemahlin Agnes (von Waiblingen), einer Tochter Kaiser Heinrichs IV., gegründet. Zuvor befand sich hier eine staufische Burg. Die Klosterkirche sollte die neue Grablege der Familie werden, allerdings wurde dann doch kein Herrscher des so unglücklich endenden Geschlechts hier begraben; nur Königin Irene von Byzanz, die Gemahlin König Philipps, wurde 1208 in der Kirche beigesetzt, außerdem der 1105 verstorbene Stifter des Klosters, Herzog Friedrich I. von Schwaben, und Königin Gertrud von Comburg, die erste Gemahlin Konrads III.

Bewohnt wurde das Kloster von Mönchen, die ursprünglich aus Hirsau stammten, der erste Abt kam vom Kloster Maria Laach. Um 1470 wurde der romanische Chor nach Osten verlängert und mit einem spätgotischen Gewölbe versehen. An die Staufer erinnert ein 1475 geschaffenes Grabkreuz; damals wurden die Gräber der Staufer geöffnet und die Gebeine in einer Tumba im Mittelgang der Kirche beigesetzt. 1525, im Bauernkrieg, erlitt das Kloster schwere Schäden. Mit der Reformation endete die Blütezeit des Klosters.

Man betritt die **Klosterkirche** durch ein romanisches Rundbogentor. Der Kirchenbau wurde, ähnlich der Aureliuskirche in Hirsau, als kurze, dreischiffige und flachgedeckte Pfeilerbasilika angelegt. In der Mitte des Schiffs findet man eine sehenswerte spätgotische Tumba, die 1475 ein Göppinger Meister extra für die Gebeine der Staufer geschaffen hatte. Vor dem Chor sieht man die Höhlungen der ehemaligen staufischen Grabstätten, die Särge besaßen – ähnlich wie Mumiensärge – besondere Kopfstücke. Im nördlichen Kreuzungsarm befinden sich 14 prächtige spätgotische Grabmäler der Ritter von Wöllwarth. Die Pfeiler des Kirchenschiffs sind mit

Das Kloster Lorch war als staufische Grabstätte gedacht.

Gemälden der staufischen Herrscher in der Tracht um 1500 geschmückt. Am Westportal sieht
man einen römischen Stein als Tür-
sturz, der vom Tor des Römer-
kastells, das im Talgrund der Rems
gelegen hatte, stammt.

Im ehemaligen Kapitelsaal befindet sich ein kolossales Rund-
gemälde vom Maler Hans Kloss. Es
stellt die Geschichte der Staufer dar,
ist 30 Meter lang und 4,50 Meter
hoch, rund 1600 Figuren tummeln
sich darauf.

Vom **Kreuzgang** ist noch ein
Stück des Nordflügels erhalten, er

*Plastik an der Tumba, Klosterkirche
Lorch*

besitzt ein schönes Netzrippenge-
wölbe. Daneben steht das 1470 erbaute **Konventgebäude,** es hat
unten zwei Säle, darüber sieht man
den Rest des Dormitoriums mit seinen Mönchszellen. Im Osten, in
Richtung des Klostertors, befindet
sich die **Prälatur** aus dem 16. Jahrhundert, in der Nordostecke der
Fruchtkasten mit Fachwerk aus Ei-
chenholz. In der Mitte des weit-
räumigen Hofes liegt das **Abts-
haus,** links davon und in die Mauer
einbezogen, der **»Luginsland«.** Vor
ihm ist ein **Kräutergarten** angelegt. Großenteils erhalten ist die
Ringmauer mit einem Eckturm
und einem gotischen Fenstererker.

Vor dem Kloster wurde ein römischer Wachtturm des Limes rekonstruiert.

Der **Limes** war in der Zeit der römischen Kaiser eine durch Wehrbau-

ten gesicherte Grenze des römischen Reiches. In Deutschland war
er ungefähr 500 Kilometer lang und
verlief von Walldürn bis zum Hag-
hof südlich von Welzheim über 81
Kilometer schnurgerade. Kaiser
Domitian (81–96) ließ im Abstand
von etwa 500 Metern, also jeweils
in Sichtweite, Holztürme bauen;
später wurden Steinkastelle erstellt
und am Ende des 2. Jahrhunderts
hob man hinter den Palisaden Gräben aus. Die Alamannen überrann-
ten den Limes im Jahr 260.

Nun fahren wir in wenigen Minuten
zurück nach *Lorch.*

Lorch (265–477 m)
Die Stadt Lorch steht auf dem
Gelände eines römischen Kastells
von etwa 150 n. Chr., das 154 mal
160 Meter groß war. Fundamente
des westlichen Lagertors sind hinter

Hoch über der Stadt liegt das Kloster Lorch.

dem Gemeindehaus zu sehen. Es war das südlichste Kastell des obergermanischen Limes, hier, am »Limesknie«, stießen die beiden Provinzen Obergermanien und Rätien zusammen. Das Kastell bestand bis etwa 260.

Der Ort Lorch gehörte zum Kloster und besaß Marktrecht, wurde aber erst 1865 zur Stadt erhoben. 1251 kam Lorch zu Württemberg. Seit 1416 ist hier eine Zollstation der Württemberger nachzuweisen. Hier lebten Friedrich Schiller (1763 bis 1766) und Eduard Mörike (1867 bis 1869), außerdem wurde hier der Geologe Oskar Fraas (1824–1897) geboren. Schiller erhielt von Pfarrer Moser Latein- und Griechischunterricht, dieser Pfarrer soll ihm auch als Vorbild für seinen »Räuberpfarrer« gedient haben. Mörike hat sich als Kurgast in Lorch aufgehalten; vor seinem damaligen Wohnhaus wurde eine Bronzeskulptur aufgestellt.

Die **Stadtkirche Sankt Maria** (1474) steht in der Nordhälfte des ehemaligen Kastells. Die Staufer gründeten hier im 11. Jahrhundert ein Kollegiatstift mit zwölf Pfründen, das 1327 in das Kloster inkorporiert wurde. Im Inneren der Kirche findet man einen spätgotischen Taufstein, ein Sakramentshaus, ein von Syrlin beeinflusstes Kruzifixus, eine Kanzelbrüstung von 1449 und barocke Emporenbilder.

■ **Länge:**
20 Kilometer.

■ **Zeit:**
2 bis 3 Stunden.

■ **Höhenunterschied:**
200 Meter.

■ **Empfohlene Karte:**
1 : 50 000 Freizeitkarte 521 Göppingen, Landesvermessungsamt Baden-Württemberg.

Sonstiges:
■ Wir fahren auf ruhigen Landsträßchen, so dass man die Tour auch mit einem Rennrad machen kann.

Verkehrsmittel:
■ Bahn.

Einkehrmöglichkeiten:
■ Lorch, Alfdorf.

Von Schorndorf durch den Schwäbischen Wald

Schorndorf – Urbach – Weitmars – Plüderhausen – Schorndorf

Bei dieser Radtour fahren wir von der alten Fachwerkstadt Schorndorf aus nach Urbach, dann durch einen südlichen Ausläufer des Naturparks Schwäbisch-Fränkischer Wald hinab ins Remstal. Hier geht es nun im Tal zurück – und wer an einem heißen Tag unterwegs ist, kann in den Plüderhausener Seen ein Bad nehmen.

- ■ **Ausgangspunkt:**
  Schorndorf.

- ■ **Wegverlauf:**
  Wir beginnen diese Tour am *Schorndorfer Bahnhof*. An der der Stadt abgewandten Nordseite des Bahnhofs fahren wir erst nach rechts bis zur *Haltestelle Hammerschlag*. Hier überqueren wir die Gleise nach rechts in Richtung »Urbach«. Nun radeln wir ein Stück geradeaus bis zu einer querenden Landstraße (rechts ist ein Bahnübergang). Rechts der Landstraße fahren wir nach links in Richtung *Urbach;* dabei orientieren wir uns immer an der Beschilderung »Urbach-Süd«.

Urbach (275 m)
   Urbach wurde 1118 in einer Urkunde Kaiser Friedrich Barbarossas als Uracbach erstmals erwähnt.
   Am Altenberg (Alter Berg) legte man 1957 Reste einer Burg frei.
   Die 1509 bis 1512 erbaute evangelische Stadtkirche **Sankt Afra** ist eine der schönsten Dorfkirchen der Spätgotik. Im Chor findet sich ein Sternnetzgewölbe mit bemerkenswerten Schlusssteinreliefs. Überreste spätgotischer Glasmalereien kann man im Kirchenschiff bewundern.

Kurz nachdem von links die von Haubersbronn kommende Straße einmündet, biegen wir mit dem

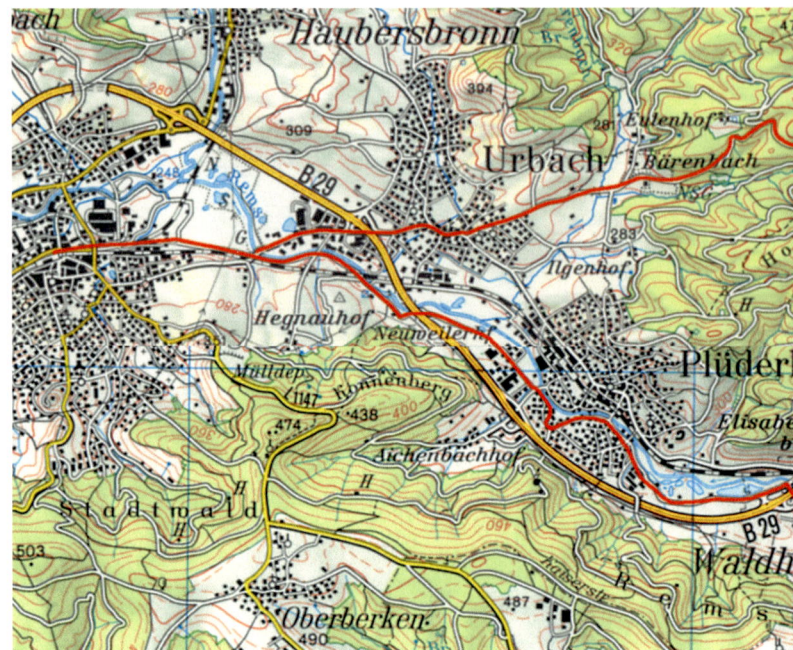

Wanderzeichen blauer Punkt nach links in den schmalen Größenwiesenweg ein. An der nächsten Querstraße, der Polarstraße, biegen wir nach rechts ab. Nach der nächsten Kreuzung behalten wir unsere Richtung bei und radeln auf der Wolfsgasse weiter bis zu einer breiteren Querstraße (nach der Lerchenstraße), der wir nach links hinauf folgen.

Nun bleiben wir immer auf dieser Straße, die uns erst durch ein idyllisches Wiesental zu den *Sportplätzen* führt, dann dahinter in den Wald. Es steigt nun immer an bis zum Waldabteilungsschild »13/8 Vord. Hohbachhalde«, nun haben

wir die strengsten Steigungen geschafft.

Der Waldweg beschreibt einige Windungen und schließlich treffen wir an einer Kreuzung auf den mit dem blauen Strich markierten Wanderweg. Hier fahren wir geradeaus weiter. Kurz danach zweigt der mit dem blauen Strich markierte Weg nach rechts ab, wir bleiben jedoch auf unserem Sträßchen. Etwas später kommen wir zu einer Hütte, an der wir geradeaus weiterradeln. Es folgen noch einige Windungen, dann verlassen wir den Wald und es bietet sich uns ein herrlicher Blick auf das Remstal. Wir rollen an der Anlage des Hundesportvereins Lorch

den Plüderhausener Seen ab. An ihnen vorbei kommen wir nach *Plüderhausen* (s. S. 100), das wir immer geradeaus durchqueren. Dort, wo wir rechts hinter einer Brücke über die Rems das prächtig renovierte Fachwerkgebäude des »Alten Rathauses« sehen, fahren wir in der Mühlstraße weiter, bis wir nach der nächsten Fußgängerbrücke rechts in die Lerchenstraße verwiesen werden. Vor der Rems biegen wir nach links ab, etwas später überqueren wir eine Straße und radeln dahinter an den Sportplätzen vorbei. Nun müssen wir nur den Radwegschildern folgen, kurz vor *Schorndorf* dem Schild Richtung »Stadtmitte« und kommen so zurück zum Ausgangspunkt.

vorbei, danach kommen wir nach *Weitmars*. Hier erwartet uns nun eine herrliche Abfahrt hinab ins Remstal, wo wir uns dann rechts orientieren. Wir überqueren die B 29 und kommen nach *Waldhausen*. Kurz nach dem Ortsanfang halten wir uns links in die Mühlstraße, direkt nach der Rems biegen wir nach rechts ab und radeln weiter durch die Mühlstraße ins Zentrum von Waldhausen. Nach der vorfahrtsberechtigten Querstraße behalten wir unsere Richtung bei und fahren links an der Kirche vorbei und aus dem Ort hinaus.

Wir unterqueren nun die B 29 und biegen hinter ihr nach links zu

Das Alte Rathaus in Plüderhausen ist prächtig renoviert.

Die herrlichen Naturseen in Plüderhausen laden zum Baden ein.

■ Länge:
26 Kilometer.

■ Zeit:
2 Stunden.

■ Höhenunterschied:
180 Meter.

■ Empfohlene Karte:
1 : 50 000 Freizeitkarte 521 Göppingen, Landesvermessungsamt Baden-Württemberg.

■ Grillgelegenheit:
Nach Urbach.

■ Sonstiges:
Die Radtour verläuft auf festen Wegen und Landsträßchen. Bademöglichkeit in den Plüderhausener Seen.

■ Verkehrsmittel:
S-Bahn.

■ Einkehrmöglichkeiten:
Schorndorf, Urbach, Plüderhausen.

Vom Remstal auf die Schwäbische Alb

Schorndorf – Oberberken – Rattenharz – Waldhausen – Plüderhausen – Schorndorf

Bei dieser Radtour fahren wir vom Remstal hinauf auf die Höhe und dort eine Zeit lang durch den schattigen Schurwald. Immer wieder haben wir schöne Ausblicke zur Schwäbischen Alb. In einer rasanten Abfahrt geht es zurück ins Remstal, wo wir die Räder gemütlich entlang des Flusses nach Schorndorf ausrollen lassen können. Unterwegs kann man sich in den Badeseen bei Plüderhausen abkühlen und am Ende den Tag bei einem Bummel durch die hübsche Altstadt von Schorndorf ausklingen lassen.

■ **Ausgangspunkt:**
Schorndorf.

■ **Wegverlauf:**
Vom *Bahnhof* aus fahren wir zunächst in die Stadt hinein, zum *Rathaus* und auf den *Marktplatz*. Vor dem Brunnen biegen wir rechts zur *Kirche* ab. Hinter ihr treffen wir auf die Schlichtener Straße, der wir nach links folgen. Wir fahren immer geradeaus und verlassen nun Schorndorf. Der Weg führt zunächst eine ganze Zeit lang hoch, bis auf zwei kurze Steigungen ist dies aber der einzige Anstieg dieser Tour.

Nachdem wir links von uns ein Wohngebiet passiert haben, kommen wir in den Wald und radeln so lange bergauf, bis die Straße eine Rechtskurve macht. Hier befinden sich eine Bushaltestelle und links eine Notrufsäule, im Wald versteckt ein Parkplatz. An einem Baum sehen wir auch die Bezeichnung »Kaisereiche«. Wir fahren zum Parkplatz und rechts an ihm vorbei auf der Kaiserstraße in den Wald, als Wanderzeichen haben wir nun für eine kurze Zeit den roten Strich.

Vorbei an der Kaisereiche verlassen wir den Wald und kommen nach *Oberberken*. Hier fahren wir mit dem Radwegschild nach links zur Landstraße, der wir ein Stück in Richtung Schorndorf bzw. Wasserturm folgen, biegen aber gleich darauf nach rechts ab zum Friedhof. An der »Verkehrsinsel« mit der mächtigen Kastanie fahren wir links vorbei,

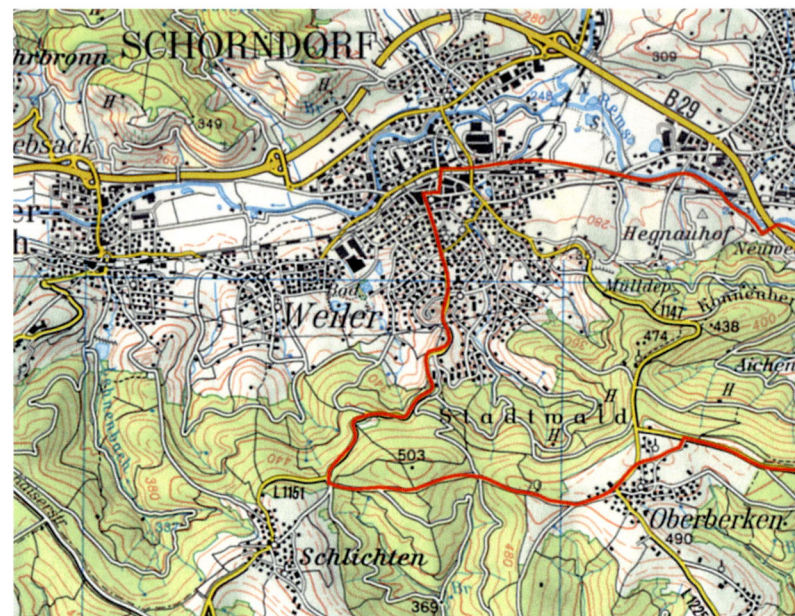

ebenso am dahinter liegenden neuen Friedhof. Bald treffen wir auf die Landstraße, der wir nach rechts folgen.

Im Wald, am (zweiten) Wanderparkplatz nehmen wir den nach links abgehenden Weg, der gleich darauf nach rechts zieht und nun eine Weile durch den Wald führt. Danach kommen wir nach *Breech,* das wir, dem blauen Strich folgend, am nördlichen Ortsrand durchfahren. Auf der Landstraße dahinter behalten wir unsere Richtung bei bis *Rattenharz;* hier biegen wir scharf links ab und können es nun steil hinunter nach *Waldhausen* rollen lassen.

Vor der Kirche fahren wir links und verlassen den Ort gleich wieder. Danach unterqueren wir die B 29 und biegen hinter ihr nach links zu den *Seen* ab. An ihnen vorbei kommen wir nach *Plüderhausen,* das wir, immer geradeaus, durchqueren.

Plüderhausen (274–505 m)

Um 1100 wurde der Ort als »Bliderhusen« erstmals urkundlich erwähnt, er kam 1253 an Württemberg.

Das Kirchenschiff der evangelischen **Pfarrkirche Sankt Margareten** entstand 1804 aus einem Bau von 1519, die erste Kirche wurde jedoch bereits im 12. Jahrhundert errichtet. Im Inneren befindet sich eine sehenswerte Kanzel (18./19. Jahrhundert) und ein Altarkreuz vom Anfang des 17. Jahrhunderts.

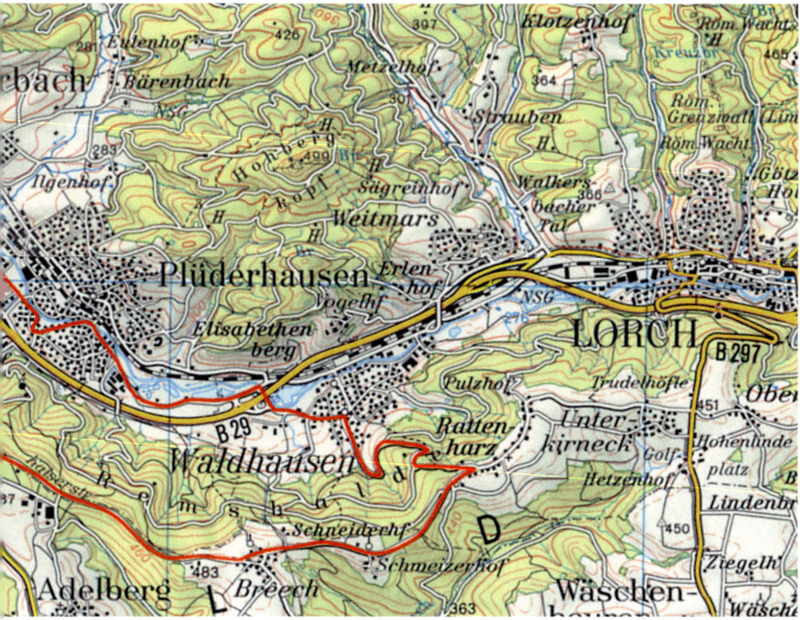

Das Alte Rathaus stammt aus dem 16. Jahrhundert und wurde prächtig renoviert.

Dort, wo wir rechts hinter einer Brücke über die Rems das schön renovierte Fachwerkhaus des »Alten Rathauses« sehen, fahren wir in der Mühlstraße weiter, bis wir nach der nächsten Fußgängerbrücke rechts in die Lerchenstraße verwiesen werden. Vor der Rems biegen wir nach links ab, etwas später überqueren wir eine Straße und radeln dahinter

Hausschmuck in Schorndorf

Entlang der Rems sind schöne Radtouren möglich.

an den Sportplätzen vorbei. Nun folgen wir den Radwegschildern, kurz vor *Schorndorf* dem Schild Richtung »Stadtmitte« und sind bald wieder am Ausgangspunkt angelangt.

■ **Länge:**
30 Kilometer.

■ **Zeit:**
3 Stunden.

■ **Höhenunterschied:**
270 Meter.

■ **Empfohlene Karte:**
1 : 50 000 Freizeitkarte 521 Göppingen, Landesvermessungsamt Baden-Württemberg.

■ **Sonstiges:**
Die Tour verläuft fast ausschließlich auf Radwegen, zum Teil auch auf Landsträßchen. Bademöglichkeit in den Badeseen bei Plüderhausen.

■ **Verkehrsmittel:**
S-Bahn.

■ **Einkehrmöglichkeiten:**
In den Orten unterwegs.

Von Schorndorf durch den Schurwald nach Beutelsbach

Schorndorf – Oberberken – Nassachtal – Schnait – Beutelsbach

Diese Radtour bringt zwar einiges an Höhenmetern, die überwunden werden müssen, mit sich und sie verläuft zum Teil auf Landstraßen, dafür bietet sie auch viel: zuerst, am Ausgangspunkt, die reizvolle Altstadt Schorndorfs, wo wir einen Blick auf den mit Fachwerkhäusern bestandenen Marktplatz werfen können, dann schöne Waldlandschaften im Schurwald, und bei der Fahrt durch das Nassachtal und bei Manolzweiler können wir die sich immer wieder verändernden, eindrucksvollen Blicke und Aussichten genießen. Ein herrliches Erlebnis ist die Abfahrt durch die Weinberglandschaft nach Schnait. Hier und im nahen Beutelsbach, wo sich die Wiege des württembergischen Herrschergeschlechts befand, können wir nun wieder der Kultur frönen, ist es doch nicht mehr weit bis zum Ziel.

■ **Ausgangspunkt:**
Schorndorf.

■ **Wegverlauf:**
Wenn wir in *Schorndorf* (s. S.129) den Bahnhof auf der Stadtseite verlassen, halten wir uns gleich links. Wer möchte, kann vorher noch geradeaus zum Marktplatz fahren und dort die schönen Fachwerkfassaden bewundern. Vom Bahnhof aus kommen wir zunächst zu einem Kreisverkehr, an dem wir geradeaus in Richtung »Oberberken« weiterfahren, ebenso am nächsten Kreisverkehr. Die Straße beginnt nun anzusteigen und wir verlassen auf ihr die Stadt.

Teilweise können wir, wenn wir nicht auf der Straße fahren wollen, auf dem Gehweg weiterradeln. In lang gezogenen Kurven geht es durch den Wald und auf die Höhe bis nach *Oberberken*. Wo am Ortsanfang die Straße stark nach links abknickt, fahren wir auf dem Hö-

henweg geradeaus weiter (Rad-wegschild). An der Verzweigung kurz nach dem Ort müssen wir uns entscheiden: Wer keine weiteren Höhenmeter mehr »machen« will, fährt hier rechts weiter. Auf der *Kaiserstraße* kommt man bis kurz vor die Landstraße, hier geht es nach links nach *Schlichten,* das wir durchfahren. Ansonsten halten wir uns links in Richtung »Nassach«. Wir kommen wieder in den Wald, dann geht es bergab, hinab ins Nassachtal. Hier orientieren wir uns rechts. Wir durchfahren *Baiereck,* danach steigt das Sträßchen im Wald wieder an und trifft auf der Höhe auf die von rechts von Schlich-

Schnait«. Wir fahren auf dem Radweg neben der Straße bis zu einer weiteren Kreuzung, hinter der wir unsere Richtung beibehalten und über eine aussichtsreiche Hochfläche nach *Manolzweiler* kommen. Nach diesem Örtchen erwartet uns der wohl schönste Teil der Tour: eine lange Abfahrt durch Weinberge und in vielen schönen Kurven hinunter nach *Schnait* (s. S. 68). Dort biegen wir an der Durchgangsstraße nach rechts ab, gleich darauf, an der nächsten Linkskurve, fahren wir geradeaus in die Silcherstraße hinein. Kurz vor der Kirche sehen wir rechts das Geburtshaus des Volksliederkomponisten Friedrich Silcher und das nach ihm benannte Museum.

Wir fahren geradeaus weiter. Dort, wo die Straße nach links zieht, radeln wir durch die Hochbergstraße, nun mit dem Zeichen des Württembergischen Weinwanderweges, weiter nach *Beutelsbach* (s. S. 49). An den ersten Häusern geht es nach rechts etwas hoch, am Gedenkstein zur Flurbereinigung halten wir uns links und fahren bis zur querenden Schönbühlstraße, die nach rechts hinauf zum gleichnamigen Weiler zieht. Wir überqueren sie und rollen nun durch die Schönblickstraße, dann durch die Kaiserstraße zur S-Bahn-Station.

ten kommende Straße, auf der auch jene Radler ankommen, die den kleinen Schlenker ins Nassachtal nicht mitgemacht haben.

Wir biegen nun nach links ab (bzw. fahren geradeaus weiter) in Richtung »Reichenbach/Fils«. An der nächsten Kreuzung orientieren wir uns rechts in Richtung »Weinstadt-

Arbeit im Weinberg

■ **Länge:**
24 Kilometer.

■ **Zeit:**
3 Stunden.

■ **Höhenunterschied:**
380 Meter, über Schlichten etwa 300 Meter.

■ **Empfohlene Karten:**
1 : 50 000 Freizeitkarte 520 Stuttgart und 521 Göppingen, Landesvermessungsamt Baden-Württemberg.

■ **Sonstiges:**
Die Radtour verläuft auf festen Wegen und Landsträßchen.

■ **Verkehrsmittel:**
S-Bahn.

■ **Einkehrmöglichkeiten:**
Schorndorf, Schnait, Beutelsbach.

Wiesentour durch das Remstal

*Schorndorf – Winterbach – Grunbach –
Großheppach – Beinstein – Waiblingen*

Diese Radtour führt von Schorndorf, der Endstation der S-Bahn, nach Waiblingen, von wo aus man mit der S-Bahn wieder zurückfahren kann. Wir folgen der Rems flussabwärts und berühren dabei einige der berühmten Remstalorte. Da die Tour recht kurz und überhaupt nicht anstrengend ist, bleibt noch genügend Zeit, sich Schorndorf oder Waiblingen, beides sehenswerte Städte mit markanten Stadtkernen, anzusehen.

■ **Ausgangspunkt:**
Schorndorf.

■ **Wegverlauf:**
In *Schorndorf* beginnen wir auf der Nordseite des Bahnhofs. Wir fahren nach links in die Grabenstraße bis zu einem Kreisverkehr, hier nehmen wir die Weiler Straße in Richtung »Weiler«. Kurz nach dem Ortsschild weist uns das Radwegschild nach rechts, nach dem Backsteingebäude biegen wir nach links ab.

Durch die Wiesen kommen wir zur *Kläranlage,* die wir umrunden. Auf ihrer Westseite, etwa in der Mitte der Anlage, nehmen wir den Weg, der uns geradeaus nach *Winterbach* (s. S. 46) führt. Hier fahren wir geradeaus auf dem Langen Weg in den Ort hinein, dann biegen wir links in die Neue Gasse ein, die uns zur Durchgangsstraße bringt. Gegenüber der Kirche rollen wir in der Westergasse weiter. An einer

Remstal-Landschaft bei Winterbach

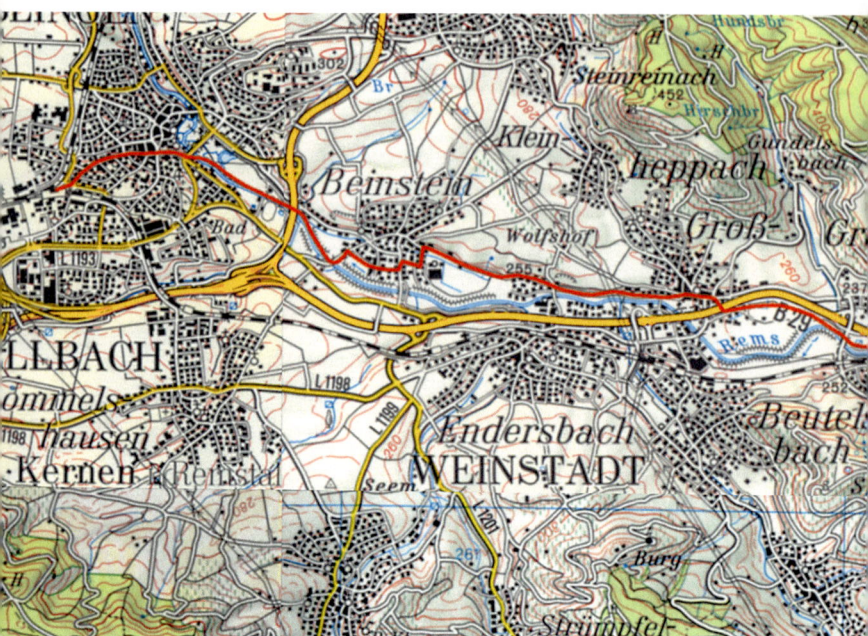

Verzweigung behalten wir in der Holzstraße unsere Richtung bei und radeln nun durch Wiesen und teils an der Rems entlang nach *Gerad-stetten*. Hier führt uns der Weg nach rechts über die Rems. Gerade-aus geht es dann nach Geradstetten hinein oder, wenn wir sofort weiter wollen, biegen wir gleich nach links ab.

Geradstetten (255 m)

»… ein stattlicher, kräftiger Menschenschlag findet sich vor-nehmlich in Geradstetten und Schnaith, während die ärmeren Ortschaften Steinenberg, Schorn-bach, auch Höslinswarth sich durch unschöne Gestalten beiderlei Ge-schlechts auszeichnen.«
Beschreibung des Oberamts Schorn-dorf, 1851

Geradstetten, der zweitgrößte Ort der Gemeinde Remshalden, wurde im 13. Jahrhundert erstmals ur-kundlich erwähnt; ab etwa 1687 gehörte er ganz zu Württemberg.

Sehenswert ist die 1491 fertig gestellte evangelische **Pfarrkirche Sankt Konrad** mit ihrem gewalti-gen Chorturm. Im Netzrippenge-wölbe sieht man ein Bildnis Graf Eberhards im Bart.

Das **Pfarrhaus** stammt von 1746. Außerdem besitzt der Ort vie-

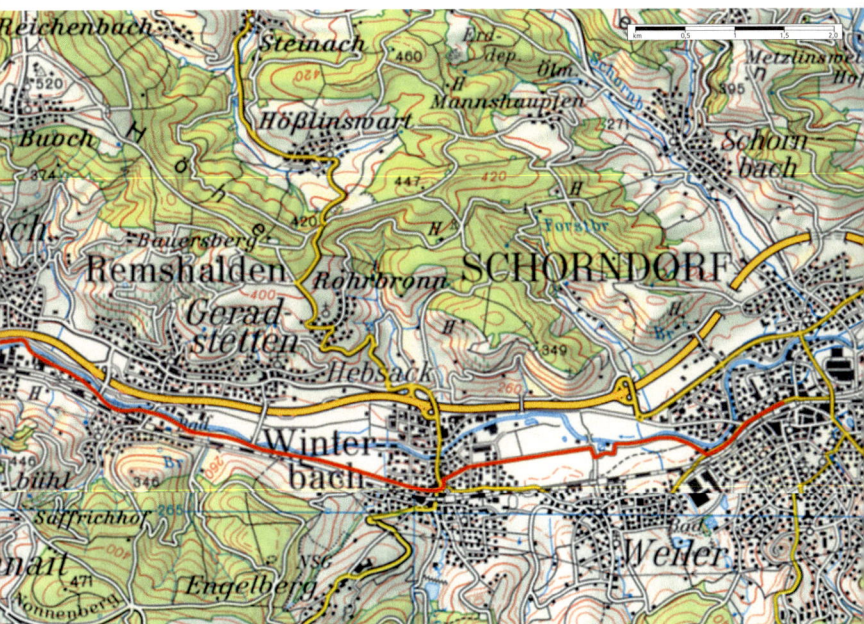

le bemerkenswerte **Fachwerkhäuser,** zum Teil aus dem 16. Jahrhundert, sowie zwei **Keltern**. Diese sind ebenso bezeichnend für das Weingärtnerdorf wie auch die Wirtschaften mit ihren schönen Wirtshausschildern.

Es geht nun eine Zeit lang dicht an der B 29 entlang bis *Grunbach* (s. S. 71), wo wir zunächst durch das Industriegebiet radeln müssen. An der querenden Bahnhofstraße halten wir uns kurz links, biegen dann aber gleich wieder rechts in die Uferstraße ein. Der nächste Ort, den wir erreichen, ist *Großheppach,* rechts von Bundesstraße und Rems.

Großheppach (233 m)

Der 1236 erstmals erwähnte Ort gehörte ab 1506 den Württembergern. Er besaß früher vier Keltern mit insgesamt elf Bäumen.

Im Gasthaus Lamm trafen sich am 14. Juli 1704 Prinz Eugen, der Herzog von Marlborough und Markgraf Ludwig von Baden, der »Türkenlouis«, um Angriffspläne gegen die Franzosen und die Bayern im spanischen Erbfolgekrieg zu beraten; danach kam es am 13. August 1704 bei Höchstädt zur entscheidenden Schlacht. Heute erinnert ein **Bronzedenkmal** an die Zusammenkunft der drei Feldherren.

Die spätgotische **Ägidiuskir-che** ist mit ihrer Kirchturmhaube eine Besonderheit in Württemberg und besitzt im Chor ein schönes Netzrippengewölbe. Die **Häcker-mühle** stammt von 1601.

Wir fahren nach rechts unter der B 29 hindurch zum Ort. Unsere Stra-ße zieht nach links und bringt uns zum Prinz-Eugen-Platz. Hier fahren wir geradeaus in der Pfahlbühl-straße weiter. Gleich darauf folgen wir der nach links abzweigenden Brückenstraße, die uns zum Ortsan-fang von *Endersbach* bringt. Nun biegen wir rechts in die Beinsteiner Straße ein und kommen so bald nach *Beinstein*.

Beinstein (226 m)

Der Ort wurde 1086 in einer Schenkungsurkunde an das Hoch-stift Speyer erstmals erwähnt, seit 1250 gehört er zu Württemberg. Er soll die älteste Weinbaugemeinde im Remstal sein. Die Weine von hier wurden 1604 selbst am kaiserlichen Hof in Prag getrunken.

Der Ortsname ist auf ein turm-artiges römisches Grabmal zurück-zuführen, »beim Stein«. In einer Chronik von 1129/30 heißt es: »Es steht heute noch in der Nähe von Waiblingen ein Denkmal in Form ei-nes Turmes von wunderbarer Qua-derarbeit mit Bildwerken. Es heißt im Volksmund der Baienstein. Eine eingemeißelte Inschrift besagt, daß Clodius dieses Denkmal zum An-denken an seine Frau errichtet hat.«

Sehenswert in Beinstein sind die **Sankt-Stephanus-Kirche** (1454) mit ihren spätgotischen Wandma-lereien und ihrem schönen Chor, das **Fachwerk-Rathaus** (1582) mit steiler Außentreppe und gemalten Scheiben sowie der **Dorfbrunnen.**

Jetzt biegen wir nach links in die Liebenzeller Straße ein, dann geht es nach rechts in die Quellenstraße, die uns zur nächsten Hauptstraße, der Endersbacher Straße, bringt. Wir biegen nach links ab, dann gleich wieder nach rechts in die See-wiesenstraße. Diese zieht etwas nach rechts bis zu einer Querstraße, hier radeln wir links in den Mühl-weg, überqueren die Rems und bie-gen direkt danach rechts ab. Nun lassen wir unsere Räder immer am Fluss entlang nach *Waiblingen* (s. S. 149) rollen.

Vor der Michaelskirche zieht unser Weg nach links hoch, wir wechseln in Höhe der Kirche (oder später) in die links neben dem Rad-weg verlaufende Straße und orien-tieren uns nun an der Beschilderung Richtung »Bahnhof«. Es geht im Wesentlichen immer geradeaus, bald kommen wir auch in die Bahnhofstraße. Nun kommt der einzige Anstieg dieser Radtour, hin-auf zum Bahnhof. Wer allerdings die sehenswerte Waiblinger Alt-stadt besichtigen möchte, fährt am Alten Postplatz vor dem großen Ge-bäude der Kreissparkasse nach rechts und kommt auf der Langen Straße ins Zentrum.

Grubbänke dienten dem Abstellen von Lasten bei einer Rast.

■ **Länge:**
18 Kilometer.

■ **Zeit:**
1 bis 2 Stunden.

■ **Höhenunterschied:**
Unwesentlich.

■ **Empfohlene Karten:**
1 : 50 000 Freizeitkarte 520 Stuttgart und 521 Göppingen, Landesvermessungsamt Baden-Württemberg.

■ **Sonstiges:**
Die Tour verläuft fast ausschließlich auf Radwegen abseits der Straßen.

■ **Verkehrsmittel:**
S-Bahn.

■ **Einkehrmöglichkeiten:**
In den Orten unterwegs.

Vom Remstal hinauf auf die Höhen des Schurwaldes

Winterbach – Schlichten – Manolzweiler – Winterbach

Diese Radtour ist zwar relativ kurz, dafür kann sie aber mit einem Höhenunterschied aufwarten, der es in sich hat. Für den anstrengenden Anstieg wird man am Schluss jedoch mit einer herrlich langen Abfahrt belohnt. Unterwegs bieten sich einem immer wieder schöne Blicke ins Remstal und auf die gegenüberliegenden Orte, man fährt eine Zeit lang neben einem Bach her, der noch friedlich mäandern darf, und nicht zuletzt ist Winterbach, Anfangs- und Endpunkt der Tour, ein Ort, der eine Besichtigung lohnt.

■ **Ausgangspunkt:**
Winterbach.

■ **Wegverlauf:**
Wir fahren von der *Kirche* aus auf der Durchgangsstraße in Richtung Süden. Wo diese nach rechts abknickt, behalten wir unsere Richtung bei (»Freibad«, Zeichen blauer Strich). Bald verlassen wir den Ort. Nach dem Freibad geht es etwas hinunter in ein Wiesentälchen, hier müssen wir nach links zum *Stausee* abbiegen. Wer grillen möchte: einige Meter geradeaus befindet sich ein Grillplatz. Vor dem Stausee zieht

der Weg nach rechts, es geht in den Wald hinein, nun immer neben dem lustig mäandrierenden Lehnenbach her. Wir kümmern uns nicht darum, dass der markierte Wanderweg nach dem Saarbrunnen abzweigt und bleiben auf unserem Forstweg, auch die übrigen links und rechts abzweigenden Nebenwege beachten wir nicht.

Schließlich beschreibt der Weg eine scharfe Rechtskurve, kurz danach treffen wir auf einen querenden Weg. Wir fahren nach links weiter, etwas später kommt eine scharfe Kurve nach links über einem

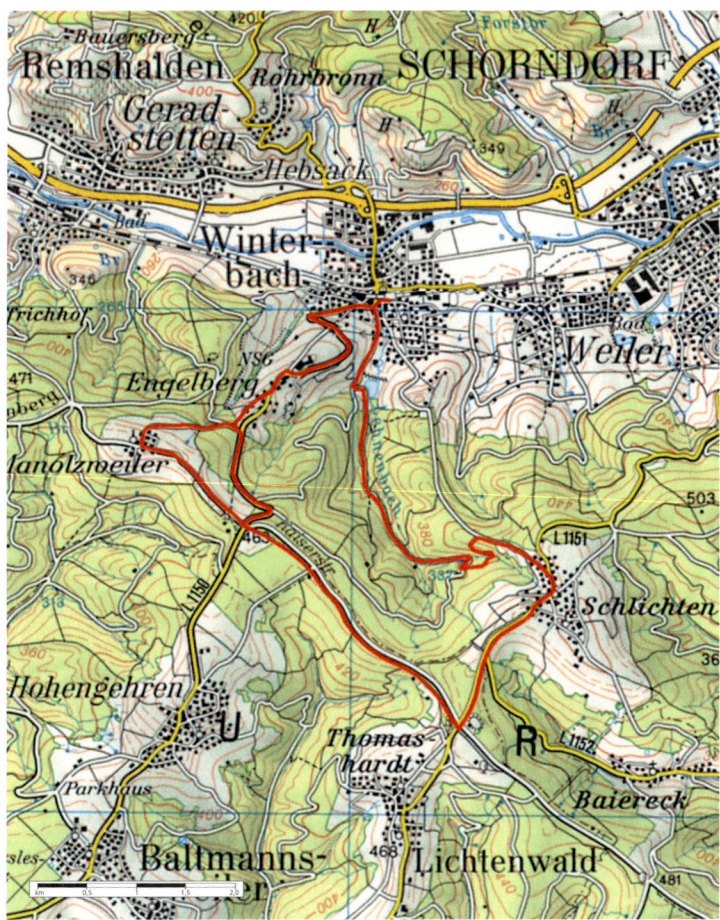

Bacheinschnitt. Am nächsten Quer-weg biegen wir nach rechts ab und kommen zu einem schmalen Land-sträßchen. Nach rechts bringt es uns steil hinauf nach *Schlichten*. Wir fahren in den Ort hinein, bis wir auf der Höhe nach links zu einem Fachwerkhaus und zur dahinter lie-genden Durchgangsstraße abbie-gen können. Hier halten wir uns rechts und fahren aus dem Ort hin-aus. Hier, bei einer Höhe von knapp 494 Metern über dem Meer, haben wir auch den Anstieg für diese Tour geschafft, ab jetzt geht es nur noch eben oder bergab.

Nachdem wir Schlichten verlassen haben, fahren wir über die unbewaldete Höhe, dann in den Wald bis zu einer Kreuzung, hier biegen wir rechts ab in Richtung »Schnait«. Es geht weiter durch den Wald bis zur nächsten Kreuzung. Hier haben wir nun zwei Möglichkeiten: Wer die Abfahrt auf der Straße genießen will, biegt hier nach rechts ab und rollt über *Engelberg* hinab nach *Winterbach*. Wer die Straße lieber meidet, fährt geradeaus weiter nach *Manolzweiler*. Hier biegen wir mit dem Zeichen blaues Kreuz nach rechts ab und radeln erst zwischen den Wiesen, dann durch den Wald nach *Engelberg*. Hier kann man entweder auf der Straße weiterfahren oder bei der Walddorfschule mit dem Zeichen blauer Strich, später rotes Kreuz, nach links abbiegen und zurück nach *Winterbach* fahren.

Blick zum Grunbacher Kopf

■ **Länge:**
15 Kilometer.

■ **Zeit:**
2 Stunden.

■ **Höhenunterschied:**
250 Meter.

■ **Empfohlene Karte:**
1 : 50 000 Freizeitkarte 521 Göppingen, Landesvermessungsamt Baden-Württemberg.

■ **Grillgelegenheit:**
Vor dem Stausee nach Winterbach.

■ **Sonstiges:**
Die Radtour verläuft auf festen Wegen und Landsträßchen.

■ **Verkehrsmittel:**
S-Bahn.

■ **Einkehrmöglichkeiten:**
Schlichten, Winterbach.

Radtour durch die Berglen

Winterbach – Rohrbronn – Erlenhof – Rettersburg – Necklinsberg – Schornbach – Schorndorf – Winterbach

Die Berglen machen ihrem Namen alle Ehre: So schön und idyllisch diese Landschaft am Südwestrand des Naturparks Schwäbisch-Fränkischer Wald zwischen Schorndorf und Backnang ist, so hügelig ist sie auch. Besonders wenn man eine Tour in die Berglen im Remstal beginnt, ist schon einiges an Muskelschmalz vonnöten. Die schöne Landschaft mit den netten kleinen Örtchen entschädigt aber für so manchen vergossenen Schweißtropfen.

■ **Ausgangspunkt:**
Winterbach.

■ **Wegverlauf:**
Wir beginnen die Tour bei der S-Bahn-Station in *Winterbach* (s. S. 46), wo wir uns vor der Kirche nach Norden orientieren. Wir verlassen auf der Durchgangsstraße den Ort, überqueren die B 29 und halten uns dahinter links. Gleich darauf biegen wir aber nach rechts Richtung »Rohrbronn« ab. Nun steigt unser Weg eine ganze Weile lang an. Wir durchfahren *Rohrbronn* und kommen nach dem Ort in den Wald, nun können wir die Räder nach *Hößlinswart* hinunterrollen lassen. Wir bleiben auf der Straße und fah-

ren – weiterhin abwärts – nach *Steinach* und danach nach *Erlenhof*. Am Ortsanfang fahren wir geradeaus weiter bis zum Parkplatz vor dem Sportplatz, hier radeln wir rechts des Sportplatzes vorbei, überqueren den Buchenbach und biegen direkt dahinter in den Radweg nach links ein.

An der *Neumühle* vorbei gelangen wir zu dem Sträßchen, das aus dem *Birkmannsweiler* Industriegebiet kommt; hier biegen wir mit dem Zeichen roter Strich nach rechts zum *Buchenbachhof* ab.

Der **Buchenbachhof** ist seit 1442 nachweisbar Eigentum der Herren von Y-Burg. 1728 kaufte Prinz Alex-

ander von Württemberg das Anwesen, davor war es in Besitz der Herren Breuning von Buchenbach. Der berühmteste dieser Familie war wohl Konrad Breuning, Obervogt von Tübingen. Wegen seiner oppositionellen Haltung ließ ihn Herzog Ulrich 1517 in Stuttgart enthaupten. Das heutige Gebäude stammt von 1739.

Wir fahren nun einige Zeit durch das *Buchenbachtal,* bis sich der Weg teilt.

Das **Buchenbachtal** ist ein enges, tief in den Muschelkalk eingeschnittenes Bachtal im Wald, 28 Hektar des Tales sind als Landschaftsschutzgebiet ausgewiesen.

An der Verzweigung folgen wir nicht der nach links führenden Markierung, sondern radeln geradeaus über die Brücke. Es steigt nun etwas an. Bei der Wegspinne fahren wir nach rechts den Berg hinauf (Waldabteilungsschild »Unterer Schloth«). Auf der Höhe angelangt, radeln wir nach rechts hinunter nach *Rettersburg.* Dort halten wir uns erst rechts zur Durchgangsstraße und biegen nach rechts ab. An dem Haus mit dem kleinen Türmchen fahren wir nach links in Richtung »Kieselhof«. Am Ortsausgang, an der , als Naturdenkmal ausgewiesenen Linde werden wir nach links den Berg hinauf verwiesen.

Nach dem *Kieselhof* knickt der Weg nach rechts ab und bringt uns nach *Necklinsberg,* danach geht es in Kurven abwärts. An einer Querstraße biegen wir links ab Richtung *Vorderweißbuch.* Wir durchqueren den Ort, weiter geht es nach *Streich,* hier knickt die Straße nach links ab. Von nun an orientieren wir uns an der Beschilderung nach »Schorndorf«. Es geht durch *Buhlbronn* hindurch, dann kommen wir nach *Schornbach.*

Schornbach

Der Ort war früher im Besitz der Grafen von Württemberg. Die Klöster Lorch und Adelberg hatten Besitztümer hier.

Der Chorturm der **Kirche** stammt von 1472, das Schiff von 1722. 1732 wurde auch der Turm umgebaut. Im Innern der Kirche befindet sich eine Steinkanzel von 1606.

Wir durchqueren *Schornbach* und folgen weiter der Straße Richtung *Schorndorf.* Es geht unter der B 29 hindurch und schon sind wir in *Schorndorf* (s. S. 129). An dem ersten Kreisverkehr halten wir uns rechts (»Stadtmitte«), am nächsten

Die Kirschbaumblüte im Remstal ist weithin bekannt.

Uriger Weingärtnerunterstand bei Winterbach

Kreisverkehr biegen wir nach links ab, dann wieder rechts in die Vorstadtstraße. Diese zieht nach links bis zur Grabenstraße vor, wo wir uns rechts halten. Links liegt der Bahnhof. Wer möchte, kann von auch von hier aus mit der S-Bahn nach Winterbach zurückfahren.

Ansonsten radeln wir geradeaus weiter bis zu einem Kreisverkehr. Wir nehmen die Weiler Straße in Richtung »Weiler«. Kurz nach dem Ortsschild weist uns das Radwegschild nach rechts, nach dem Backsteingebäude biegen wir nach links ab. Durch die Wiesen kommen wir zur *Kläranlage,* die wir umrunden. Auf ihrer Westseite, etwa in der Mitte der Anlage, nehmen wir den Weg, der uns geradeaus nach *Winterbach* führt. Hier fahren wir auf dem Langen Weg in den Ort hinein, dann halten wir uns links in die Neue Gasse, die uns ins Zentrum und zur *S-Bahn* bringt.

■ **Länge:**
25 Kilometer.

■ **Zeit:**
3 Stunden.

■ **Höhenunterschied:**
370 Meter.

■ **Empfohlene Karte:**
1 : 50 000 Freizeitkarte 521 Göppingen, Landesvermessungsamt Baden-Württemberg.

■ **Sonstiges:**
Die Radtour verläuft auf festen Wegen und Landsträßchen.

■ **Verkehrsmittel:**
S-Bahn.

■ **Einkehrmöglichkeiten:**
In den Orten unterwegs.

Von Waiblingen über die Boucher Höhe nach Schorndorf

Waiblingen – Beinstein – Kleinheppach –
Kreuzeiche – Buoch – Königsstein – Schorndorf

Bei dieser Tour fahren wir von Waiblingen aus erst durch Obstbaum-
wiesen nach Kleinheppach, dann folgt ein steiler Anstieg durch
Weinberge. Gemütlich radeln wir im schattigen Wald der Buocher
Höhe, durch den berühmten »Dichterort« Buoch und nach einem
weiteren Stück im Wald hinunter nach Schorndorf. Hier lohnt, bevor
man sich zur Heimfahrt in die S-Bahn setzt, eine Stadtbesichtigung.

■ **Ausgangspunkt:**
Waiblingen.

■ **Wegverlauf:**
Wir starten in *Waiblingen* am
Bahnhof. Wir verlassen ihn Richtung Innenstadt, halten uns rechts,
überqueren gleich darauf eine Straße und können es nun in der
Bahnhofstraße hinunterrollen lassen. Gleich nach dem großen Gebäude der Kreissparkasse am Alten
Postplatz biegen wir nach links ab,
der Beschilderung Richtung »Altstadt« folgend. Hier in der Fußgängerzone sollten wir das Rad schie-
ben. Das langsamere Vorwärts-
kommen lohnt sich allerdings, denn

so kann man sich die schönen
Fachwerkhäuser, die verwinkelten
Gassen, und die vielen Details an
den Häusern – erwähnt seien nur
die so genannten »Neidköpfe« –
genauer ansehen. Wir nehmen erst
die Lange Straße, dann die nach
rechts abzweigende Kurze Straße,
die uns zu dem modernen Bau am
Marktdreieck bringt. Rechts an ihm
vorbei kommen wir zum Alten Rathaus mit seinen Arkaden. Dahinter
fällt die Kurze Straße wieder nach
rechts ab. Kurz darauf folgen wir
dem nach rechts weisenden Schild
zum »Bädertörle«, das sich in einem
Stück alter Stadtmauer befindet.
Dahinter liegt eine schöne Park-

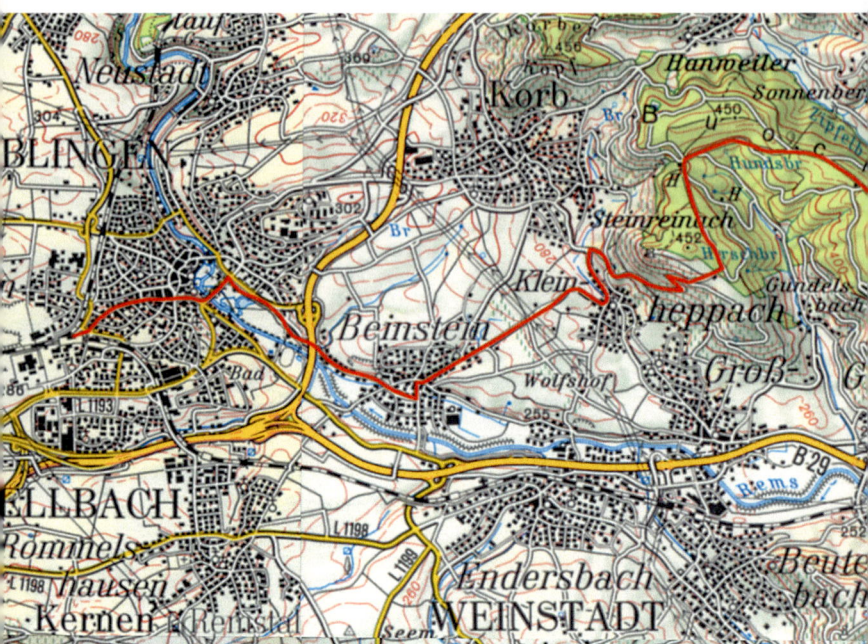

landschaft. Wir fahren nun geradeaus weiter zum Bürgerzentrum und
rechts an ihm vorbei bis zur dahinter
verlaufenden Winnender Straße.
Hier fahren wir kurz nach links,
dann unterqueren wir diese Straße
und fahren rechts der Straße »An
der Talaue« weiter (Straßenschild
nach »Beinstein«). Gleich rechts
liegt das Waiblinger Hallenbad.
Dahinter kommen wir an einem
sehenswerten Biotop vorbei.

Das **Biotop** im Bereich der früheren
Remsschlingen wurde 1990/91 ge-
schaffen und soll den einstigen
Charakter der Flussauen wiederher-

stellen. Die Rems wurde in den
dreißiger Jahren des 20. Jahrhunderts begradigt und die früheren
Bachschlingen wurden aufgefüllt.
Heute ist hier ein 12 000 Quadrat-
meter großer Grundwassersee, der
bis zu 4,5 Meter tief ist. Das Areal ist
in zwei Bereiche unterteilt: Für die
Menschen wurde ein Erholungs-
raum um den Seeplatz geschaffen
mit einem Quellbrunnen, der
27 000 Liter Grundwasser pro Stunde schüttet. Die Tiere und Pflanzen
haben eine Biotopschutzzone be-
kommen, die mit ihren Inseln, dem
Uferbereich, den Bachläufen, dem
Röhricht und den Wasserpflanzen

etwa zwei Drittel der Seefläche ein-
nimmt. In der Umgebung wachsen
unter anderem Schwertlilien, Blut-
weiderich und Mädesüß.

Wir orientieren uns danach in Richtung »Beinstein«, fahren an der
Rundsporthalle vorbei und erreichen bald darauf die ersten Häuser
von *Beinstein* (s. S. 110). Hier folgen
wir der Straße in den Ort. Wo unsere vorfahrtsberechtigte Straße nach
rechts zieht, orientieren wir uns
links (»Wohngebiet Hauswein-
berg«). Kurz darauf biegt unsere
Straße nach rechts in Richtung
»Korb« ab und zieht geradeaus aus

dem Ort hinaus nach *Kleinheppach*
(s. S. 39). Dort treffen wir auf die
von Korb kommende Straße, in die
wir nach links einbiegen.

Vorbei am Friedhof verlassen
wir den Ort, vor den Häusern von
Steinreinach biegen wir nach rechts
ab. Es geht nun kurz geradeaus
hoch, hinein in ein Landschaftsschutzgebiet. Nun kommt ein lan-
ger Anstieg bis hoch in den Wald.
Der Weg zieht nach rechts, an der
nächsten Kreuzung fahren wir geradeaus weiter, rechts an dem Wasserbehälter vorbei. Ab und zu sehen
wir das Wanderzeichen roter Strich,
an dem wir uns orientieren. Bei ei-

nem Rastplatz mit einem Wasserspiel über großen Steinen biegen wir nach links ab (»Kleinheppacher Kopf«), kurz danach geht es nach rechts und hoch in den Wald.

Im Wald orientieren wir uns an dem Querweg nach links und kommen zur Stelle *Immerich,* wo es einen kleinen, pilzförmigen Unterstand gibt. Hier biegen wir nach rechts ab zur *Kreuzeiche.* Nach ihr steigt es noch einmal an bis zum

Blick auf Kleinheppach

Buocher Tor, nun haben wir die wesentlichen Steigungen geschafft. Wir können jetzt den prächtigen Blick zum Schurwald und zu den fernen Höhen der Schwäbischen Alb genießen. In *Buoch* (s. S. 36) kommen wir an einigen Dichterhäusern und am Museum vorbei. Wir überqueren die Durchgangsstraße und fahren dahinter geradeaus weiter zum Ortsende. Hier halten wir uns bei den letzten Häusern kurz rechts, dann aber gleich wieder links und fahren über die Wiesen zum Waldrand und im Wald steil bergab. Nach einiger Zeit liegt links der Hößlinswarter Sportplatz, danach kommen wir zur Landstraße. Etwas nach links versetzt geht es hinter ihr weiter. An einer Verzweigung halten wir uns rechts und kommen zum *Königsstein* (s. S. 35), an ihm biegen wir mit dem roten Kreuz nach links ab in Richtung »Forstbrunnen«.

Bald kommen wir zu einem prächtigen Mammutbaum (s. S. 36); hier geht unser Weg nach rechts ab. Vorbei am *Forstbrunnen* fällt es nun steil ab. Nach einer Rechtskurve treffen wir auf einen Querweg, hier fahren wir nach links weiter abwärts; bald verlassen wir den Wald und rollen durch ein idyllisches Wiesental. Der Weg

Lockt zur Einkehr: Wirtshausschild in Kleinheppach

bringt uns vor Schorndorf über die neue Bundesstraße, kurz danach fahren wir nach rechts durch die Unterführung und treffen etwas später auf einen Kreisverkehr. Hier radeln wir in Richtung »Stadtmitte« auf der Stuttgarter Straße zu einem weiteren Kreisverkehr, dann geradeaus auf der Grabenstraße bis zum *Schorndorfer Bahnhof.* Bevor man heimfährt, sollte man jedoch die Schorndorfer Altstadt, die sich südlich vom Bahnhof befindet, besichtigen.

■ Länge:
22 Kilometer.

■ Zeit:
3 Stunden.

■ Höhenunterschied:
340 Meter.

■ Empfohlene Karten:
1 : 50 000 Freizeitkarte 520 Stuttgart und 521 Göppingen, Landesvermessungsamt Baden-Württemberg.

■ Grillgelegenheit:
Kreuzeiche, nach Buoch.

■ Sonstiges:
Die Radtour verläuft auf festen Wegen und Landsträßchen.

■ Verkehrsmittel:
S-Bahn.

■ Einkehrmöglichkeiten:
In den Orten unterwegs.

Von Winnenden zur Remsmündung

Winnenden – Schwaikheim – Hohenacker – Neckarrems

Die hier beschriebene Radtour ist recht kurz, so dass man die Strecke auch wandern kann. Da sie aber ausschließlich auf befestigten Wegen verläuft, ist dies nicht jedermanns Sache. Die Tour lässt sich am Ende auch leicht verlängern: Man kann an der Rems entlang nach Waiblingen radeln oder am Neckar entlang nach Stuttgart, wo man jederzeit in die U 14 einsteigen kann. Ein schönes Ziel ist hier beispielsweise der Max-Eyth-See mit seinen Grillmöglichkeiten. Zu Beginn der Tour lohnt sich ein Stadtrundgang durch die Altstadt von Winnenden.

- **Ausgangspunkt:**
  Winnenden.

- **Wegverlauf:**
  Wir verlassen den Bahnhof in *Winnenden* auf der der Stadt abgewandten Westseite und fahren kurz nach links. Wir überqueren erst die Schwaikheimer Straße; wo die Landstraße dann nach links unter den Bahngleisen durchzieht, behalten wir noch kurz unsere Richtung bei und biegen nach der Überquerung des Zipfelbaches rechts ab. Nun radeln wir weiter durch die Talauen des Baches bis *Schwaikheim*. Im Ort treffen wir auf die Durchgangsstraße, in die wir nach rechts einbiegen. Unterhalb der Kirche knickt sie nach links

Munter fließt die Rems dahin.

ab und bringt uns zur Hauptstraße, hier orientieren wir uns links.

Schwaikheim (276 m)

853 wurde der Ort erstmals urkundlich genannt, 1453 kamen Teile des Ortes an Württemberg.

Die evangelische **Pfarrkirche Sankt Mauritius** stammt von 1487/88 und besitzt ein Netzrippengewölbe aus dem späten 15. Jahrhundert und spätgotische Wandmalereien; das Altarkreuz stammt aus dem 16. Jahrhundert.

Das Ende des Remstales: die Rems (rechts) fließt in den Neckar.

In der Linkskurve der Hauptstraße fahren wir geradeaus weiter, nun in der Schönbühlstraße. An der Verzweigung kurz nach dem Ort halten wir uns links. Nach einiger Zeit kommen wir an Kleingärten vorbei, danach weist uns das Fahrradschild in Richtung »Hohenacker« nach links. Es geht kurz steil hinab, wir überqueren den *Zipfelbach* und halten uns nach ihm links. Wir radeln wieder hoch zur Landstraße und nach ihr zum *Zillhardtshof*. Nun biegen wir in Höhe des großen Hofraumes links in die zweite nach rechts führende Straße ein und rollen bis *Hohenacker*. Hier führt der Radweg auf der anderen Seite der Durchgangsstraße weiter in Richtung »Remseck«. Das Radschild weist kurz nach den Häusern nach links, wir radeln aber noch geradeaus weiter bis zu einem Querweg, wo es etwas nach rechts versetzt weitergeht, nun wieder auf dem beschilderten Radweg.

Jetzt befinden wir uns hoch über dem tief eingeschnittenen Remstal, leider sieht man aber kaum hinunter. Nach einiger Zeit dürfen wir das nach rechts weisende Radwegschild nicht verpassen. Es weist uns zur Landstraße. Dort halten wir uns links und nehmen die abwärts führende Schwaikheimer Straße, die uns hinunter nach *Neckarrems* bringt. An einer Verzweigung biegen wir nach rechts ab in Richtung des bereits sichtbaren alten Rathauses, erkenntlich an dem typischen kleinen Turmaufsatz.

Neckarrems (212 m)

Der Ort wurde 1268 erstmals erwähnt und gehörte bereits damals den Grafen von Württemberg. Vermutlich war ihnen diese Stelle wichtig, da von hier aus Straße und Flussübergang im Auge behalten werden konnte.

Die **Pfarrkirche zum Heiligen Michael und Sebastian**, ein spät-

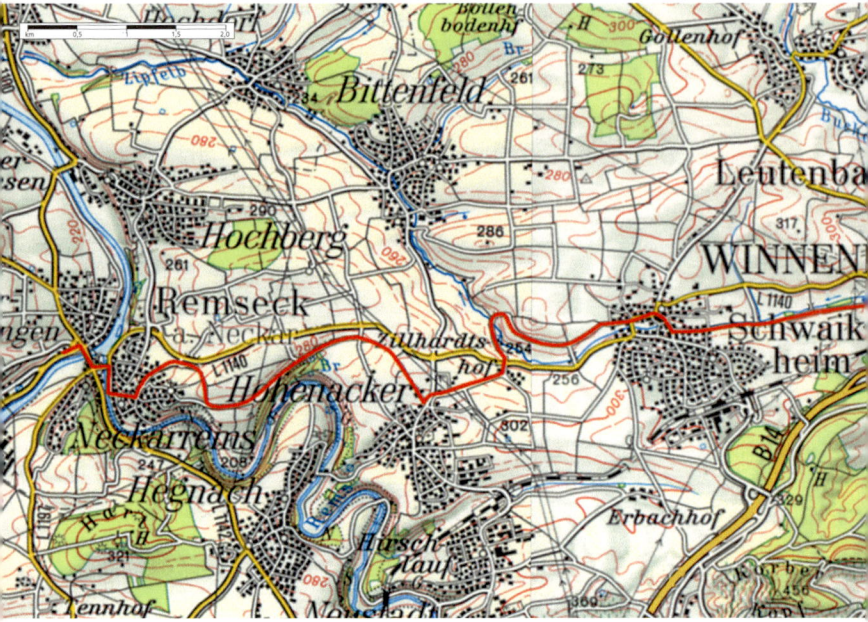

gotischer Bau, stammt aus der Zeit um 1500.

Das **Rathaus** wurde 1564 erstmals erwähnt. 1685 zeichnete es Andreas Kieser schon mit einem Türmchen in sein Kartenwerk ein. Anfang des 20. Jahrhunderts wurde es umgebaut, das Giebelfachwerk stammt von 1915. An der unterkellerten Scheuer der mittelalterlichen Hofanlage befindet sich eine 1608 vom Schultheiß Hans Schwilck und seiner Frau Anna angebrachte Inschrift: GOTT GEB GLICK VND GNAD ZV DISEM BAVW WIE ICH IM DAN ALZEIT VERTRAVW DAS ES MIR MIT FREIDEN ERLEBEN DAS ER MIT KORN VND WEIN ERFILLT MEG WERDEN.

Das **Schlösschen,** ein neugotischer Zweiflügelbau mit Stufengiebel und dreigeschossigem Eckturm, wurde 1850 erbaut – anstelle einer Burg aus der Stauferzeit, der Burg Remseck, die dann auch Namensgeber für die 1975 gegründete Gemeinde Remseck wurde.

Nach dem Rathaus treffen wir auf die Rems. Im Prinzip ist die Tour hier zu Ende, man kann sie jedoch noch etwas verlängern.

Wer in Richtung Waiblingen fahren will, folgt an der Rems der Radwegbeschilderung nach links. Bis zum Waiblinger Bahnhof sind es etwa acht Kilometer. Der Radweg bleibt allerdings nicht immer direkt

am Fluss, da hier teilweise nur Wanderpfade entlangführen. Mit etwas Auf und Ab muss man also noch rechnen.

Wer nicht nach Waiblingen weiter möchte, radelt entlang der Rems nach rechts. An der nächsten Brücke biegen wir nach links ab, bleiben aber gleich dahinter weiter am Fluss. Am neuen Remsecker Rathaus radeln wir rechts vorbei, dahinter sehen wir rechts des Weges eine Skulptur. Hier kann man nach rechts hinunter zum Fluss gehen und einen Blick auf die Mündung der Rems in den Neckar werfen.

Danach fahren wir über, besser gesagt durch die moderne, 1990 errichtete Brücke und hinter ihr nach links zur Endhaltestelle der U 14. Hier sehen wir eine Skulptur des in Remseck lebenden Konzeptkünstlers Branko Šmon.

Wer weiterfahren möchte, nimmt den beschilderten Radweg, der links der Gleise über Aldingen und Mühlhausen zum Max-Eyth-See und sogar noch weiter bis nach Bad Cannstatt oder durch den Stadtpark zum Stuttgarter Bahnhof führt. Zum Max-Eyth-See sind es noch rund sieben Kilometer.

■ **Länge:**
11 Kilometer.

■ **Zeit:**
1 Stunde.

■ **Höhenunterschied:**
Unwesentlich.

■ **Empfohlene Karte:**
1 : 50 000 Freizeitkarte 520 Stuttgart, Landesvermessungsamt Baden-Württemberg.

■ **Sonstiges:**
Die Tour verläuft fast ausschließlich auf Radwegen.

■ **Verkehrsmittel:**
Stadtbahn, S-Bahn.

■ **Einkehrmöglichkeiten:**
Winnenden, Remseck.

Teil 3
Durch Städte
bummeln –
entdecken,
besichtigen,
erleben

Schorndorf

Aufgrund verschiedener Brände in früheren Zeiten hat sich in Schorndorf zwar nicht viel an alter Bausubstanz erhalten, trotzdem bietet die Stadt insgesamt ein malerisches Bild mit zahlreichen Fachwerkhäusern und vielen Spitzweg-Idyllen in den engen, verwinkelten Gassen. Man schlendert zwischen alten, sehenswerten Gebäuden mit interessanter Geschichte und kann dabei immer wieder bemerkenswerte Einzelheiten wie schöne Türen, Portale und Pforten oder interessante Neidköpfe an den Hauswänden und Konsolen entdecken.

■ **Höhe:**
251 m

■ **Auskunft:**
Stadtverwaltung Schorndorf, Amt für Öffentlichkeitsarbeit, Marktplatz 1, 73614 Schorndorf, Telefon (0 71 81) 6 02-1 17.
Internet: www.schorndorf.de,
E-Mail: stadtinfo@schorndorf.de.

■ **Aus der Geschichte**
Von den Anfängen der 1235 im Zusammenhang mit dem staufischen *Ritter Dieterich von Schorndorf* als Ortsname erstmals erwähnten Stadt ist nicht viel bekannt. Bis 1250 jedoch bildete das benachbarte Winterbach den kirchlichen und verwaltungsmäßigen Mittelpunkt des mittleren Remstales. Schorndorf gelangte vor 1250 aus dem Besitz der Staufer an die Württemberger und wurde um 1250 von *Graf Ulrich I.* erworben und zur Stadt ausgebaut. Die Württemberger wollten mit Schorndorf ihr Gebiet gegen die in der Nähe liegenden Reichsstädte Esslingen und Gmünd, aber auch Aalen und Hall absichern. 1312 wurde Schorndorf von kaiserlichen Truppen erobert, 1316 von *Kaiser Ludwig dem Baiern* belagert. 1360 endeten mit dem durch die Bischöfe von Augsburg, Konstanz und Speyer vermittelten »Frieden von Schorndorf«, geschlossen zwischen *Kaiser Karl IV.* und *Graf Eberhard dem Greiner,* die Streitigkeiten mit dem Reich. Der 1514 von Beutelsbach ausgegangene Bauernaufstand des »Armen Konrad« endete in Schorndorf mit einem grausigen Strafgericht für die Bauern.

Die Stadt gehörte im Mittelalter zusammen mit Stuttgart, Tübingen und Urach zu den bedeutendsten Städten Württembergs. Unter *Herzog Ulrich I.* wurde Schorndorf 1538 bis 1544 zu einer der württembergischen Landesfestungen ausgebaut. 1634, im Dreißigjährigen Krieg, brannte Schorndorf, von den Schweden besetzt und von den Kaiserlichen berannt, fast vollständig ab. Im Pfälzischen Erbfolgekrieg spielte sich die Episode ab, die unter der Überschrift »Die tapferen Weiber von Schorndorf« bekannt geworden ist.

Die tapferen Weiber von Schorndorf

Im Pfälzischen Erbfolgekrieg zog der berüchtigte Brigadier Mélac nach der Verwüstung der Kurpfalz im Dezember 1688 mit seinen Truppen weiter nach Süden und verlangte unter anderem auch die Übergabe der Stadt Schorndorf. Anders als bei anderen Festungen widersetzte sich der Kommandant jedoch und die eingeschüchterte Herzogswitwe Magdalena Sybilla forderte ihn vergebens zur Übergabe der Stadt auf. Sie wollte damit die angedrohte Zerstörung Stuttgarts abwenden. Da wandten sich ihre Kommissäre an den Magistrat. Dieser war wohl drauf und dran, die Stadt zu übergeben, der Legende nach verhinderten aber »die tapferen Weiber von Schorndorf« dies unter der Führung der Bürgermeistersfrau Anna Barbara Walch – den Namen Künkelin erhielt sie erst von ihrem zweiten Mann –, indem sie kurzerhand die Stadträte zwei Tage und drei Nächte im Rathaus einschlossen. Da Mélac im Vertrauen auf eine kampflose Übergabe ohne ausreichende Truppen erschienen war, musste er, als er am 16. Dezember wiederkam, unverrichteter Dinge wieder abziehen.

Auch in der ersten Hälfte des 18. Jahrhunderts war Schorndorf verschiedentlich Durchgangslager für durchziehende Truppen. 1798 verlor die Stadt ihren militärischen Status, die Festung wurde rückgebaut und die bürgerliche Stadt konnte sich entwickeln.

■ Berühmte Schorndorfer

Sebastian Schertlin von Burtenbach (1496–1577) war einer der großen Landsknechtführer der Reformationszeit und brachte es bis zum kaiserlichen Rat. Seine Laufbahn begann er mit Studium und Promotion, danach war er bischöflicher Schreiber in Konstanz. – *Carl Friedrich Reinhard* (1761–1837), ein Freund Goethes, französischer Außenminister und Diplomat, wurde 1804 zum Grafen und Pair von Frankreich erhoben. – *Johann Philipp Palm* (1766–1806), ein in Nürnberg tätiger Buchhändler, wurde in Schorndorf geboren und wegen Verbreitung freiheitlicher Flugschriften auf Befehl *Napoleons* in Braunau erschossen. – *Lukas Osiander* (1571–1638) war Dekan in Schorndorf, bevor er Professor der Theologie und Kanzler an der Universität Tübingen wurde. – *Gottlieb Daimler* (1834–1900), der Erfinder des leichten, schnelllaufenden Benzinmotors, lernte zuerst das Büchsenmacherhandwerk und studierte dann in Stuttgart am Polytechnikum. Später gründete er in Cannstatt seine Fabrik. – *Hermann Frasch* (1851–1914) wanderte nach Amerika aus und machte als Chemiker wichtige Erfindungen. Man bezeichnete ihn als »Schwefelkönig«, weil er Italien aus der Monopolstellung verwies, die dieses Land bis dahin innegehabt hatte. – *Ernst Heinkel* (1888–1958), ein berühmter Flugzeugkonstrukteur, stammte zwar aus Grunbach, ging aber in Schorndorf zur Schule. – *Reinhold Maier* (1889–1971) war der erste Ministerpräsident von Baden-Württemberg. – *Paul Strähle* (1893–1985) wurde als »Luftpionier« bezeichnet. Er gründete nach dem ersten Weltkrieg eine Fluglinie (Stuttgart–Konstanz und Stuttgart–Nürnberg). Später war er ein bedeutender Luftbildfotograf, dem wir viele Ansichten von deutschen Städten vor ihrer Zerstörung zu verdanken haben.

■ **Besichtigung**

Wir halten uns am Bahnhof auf der Stadtseite etwas links und spazieren über den Unteren Marktplatz zum Rathaus mit dem Mosaik der »Schorndorfer Weiber«. Davor steht das Daimlerdenkmal.

Turm der Stadtkirche

Gottlieb-Daimler-Denkmal. Das Denkmal für den berühmten Erfinder und Unternehmer wurde 1950 von *Fritz von Graevenitz* geschaffen.

Rathaus, Marktplatz 1. Nachdem ein Vorvorgängerbau 1634 beim Stadtbrand zerstört wurde, kaufte man in Unterurbach ein Haus, brach es ab und baute es an der Stelle des alten Rathauses wieder auf. Das heutige stattliche Rokokogebäude wurde aber 1726 bis

1730 vom herzoglichen und Kirchenrats-Baumeister *Georg Friedrich Majer* erbaut. *Majer* war Sohn des Schorndorfer Bürgermeisters und auch am Bau des Ludwigsburger Schlosses beteiligt. Das Rathaus besitzt ein schönes Portal, darüber sieht man das Stadtwappen und eine lateinische Inschrift, die übersetzt lautet: »Dieses Haus ist Gott geweiht – das Schorndorfer Rathaus nach neun Decennien und zwei Jahren aus der Asche wiedererstanden im Jahre 1726.« Auf der

131

Nordseite sieht man ein Bild der Weiber von Schorndorf, das 1965 von *Hans-Gottfried von Stockhausen* geschaffen wurde.

Nun gehen wir am Rathaus rechts vorbei zum Oberen Marktplatz mit dem Marktbrunnen.

Wohnhaus der Barbara Walch-Künkelin, Marktplatz 4. Das um 1650 erbaute Haus wurde 1683 durch den Handelsmann *Johann Georg Künkelin,* Ehemann der *Barbara Walch-Künkelin,* erworben.

Ehemalige Brotlaube, Oberer Marktplatz 6. In dem 1600 erbauten Haus war früher der Verkaufsraum der Bäcker untergebracht, das heutige Gebäude ist allerdings ein Neubau von 1977.

Marktbrunnen. Ein Brunnen an dieser Stelle wurde bereits 1478 erwähnt, später, 1522, stand hier ein Brunnen mit einem Standbild *Herzog Ulrichs.* Der 1773 geschaffene Gusseisentrog mit seinem schmiedeeisernen Zierrat ist mit den Wappen von Bürgermeistern und anderen Amtspersonen verziert.

Vom Marktplatz aus spazieren wir in Richtung Stadtkirche. Links liegt die Häusergruppe »Im Sack«, gruppiert um einen großen, überdimensionalen Hofraum.

Ackerbürgerhäuser Im Sack, Im Sack. Entstanden ist der Gebäudekomplex, als man nach dem Schmalkaldischen Krieg Protestanten, die aus Österreich vertrieben worden waren, hier auf unbebauten Grundstücken an der Mauer ansiedelte. Das ehemalige Ackerbürgerhaus Im Sack 3 wurde um 1604 errichtet. Man sieht noch das große frühere Scheunentor, außerdem eine Konsole mit einem Frauenkopf. Auch die Häuser daneben gehören zur selben Bauart. Gebäude Nr. 5 ist ein ehemaliger Wehrturm, der zu den 18 Türmen der Stadtmauer gehörte – die Häuser sitzen mit ihrer rückwärtigen Giebelfront auf der Stadtmauer auf.

Wir gehen dann südlich der Kirche über den Kirchplatz. Hier sehen wir die ehemalige Vogtei und danach die frühere Lateinschule, heute Stadtmuseum. Vor der Kirche steht eine Skulptur des Remstäler Künstlers Fritz Nuss aus Strümpfelbach.

Ehemalige Vogtei, Kirchplatz 1. Das Gebäude wurde laut Inschrift 1682 erbaut, vermutlich stand hier die 1558 von der Kellerei erworbene Obervogtei. Ab 1682 saß hier aber »nur« der Untervogt. Bis 1835 war es das Amtshaus des Vogts, später des Oberamtmanns, danach diente es als Dekanat.

Lateinschule (Stadtmuseum), Kirchplatz 9. Teile des Erdgeschosses stammen vermutlich noch vom ersten Gebäude (1562), das Obergeschoss aus der Zeit um 1650.

Der Chronist *Martin Crusius* berichtete 1595, dass beim Ausgraben des Kellers des Gebäudes die Gebeine der hingerichteten Anführer des Bauernaufstandes des »Armen Konrad« gefunden wurden. Daran erinnert eine als Beil gestaltete Tafel am Eingang. Auf ihr steht:

»1514 Am 7. und 8. August wurden die Anführer des Armen Konrad auf dem Wasen zu Schorndorf verurteilt und hingerichtet – Ihr Hauptmann Hans Colmar aus Beutelsbach – der Waibel Bastian Schwartz aus Schorndorf – Jakob Dautel aus Schlechtbach – Hans Cleesattel Jakob Dut Ludwig Fasol und Hans Fürst Jörg Kremer Michael Schmid Hans Weyss alle aus Schorndorf Bis zum Bau der Lateinschule 1569 waren sieben von ihnen hier an der Kirchhofmauer begraben Ihr unblutiger Aufstand hatte sich gegen eine ungerechte Steuer gerichtet – Er führte zum Tübinger Vertrag: Grundlage der Verfassung Württembergs bis 1805.«

Eine lateinische Schule gab es in Schorndorf bereits 1357. Das heutige Gebäude wurde 1650 erbaut. Die in Latein gehaltene Inschrift erinnert an *Daniel Steinbock,* Bürger und Erster Senator der Freien Reichsstadt Straßburg, der das Haus »ganz auf eigene Kosten« erbauen ließ. Der aus Schornbach stammende Stifter war in Schorndorf zur Schule gegangen. In die später eingerichtete Realklasse gingen dann auch *Gottlieb Daimler* und der Flugzeugkonstrukteur *Ernst Heinkel.*

Heute ist in dem Gebäude das Stadtmuseum untergebracht.

Stadtkirche. Die 1477 bis 1501 von *Aberlin Jörg* erbaute Kirche wurde nach dem großen Brand 1634 im Jahr 1655 erneuert; große Teile von ihr hatten allerdings den Brand, der fast die gesamte Stadt vernichtet hatte, überstanden. Die Kirche war nach den Stiftskirchen von Stuttgart und Tübingen einst die drittgrößte Württembergs. Der Turm wurde 1478 bis 1488 errichtet, die beiden Obergeschosse sind neugotisch (1902/03). 1538 wurde der Turm bis auf das Viereck aus militärischen Gründen abgetragen. Der Chor ist spätgotisch und besitzt schöne Netzgewölbe. Sehenswert ist in der nordöstlichen Marienkapelle das Netzgewölbe, das die Verästelung des aus der Brust Christi aufsteigenden Stammbaums zeigt (Wurzel Jesse, nach 1510). Man vermutet, dass hierfür vielleicht der auch vom Stephansdom in Wien bekannte Baumeister *Anton Pilgram* verantwortlich war. Im Langhaus findet man eine Kanzel von 1660 und einen Altar von 1739. Zur Innenausstattung gehören noch weitere bemerkenswerte Kunstwerke wie Epitaphe, die Altarschranken aus dem frühen Rokoko, das Kruzifix am Triumphbogen und die Aufsatzschüssel am Taufstein, die 1960 von *Ulrich Henn* geschaffen wurde. Vor allem an den Pforten des Kirchenschiffs und an der Außenseite des Chors findet man reichhaltigen Schmuck und zierliche Details.

Hinter der Kirche kommen wir in die Schlichtener Straße und stoßen auf das Haus mit den vier Neidköpfen.

Haus mit den vier Neidköpfen, Schlichtener Straße 10 Das Erdgeschoss des Hauses mit den vier Kopfkonsolen wurde wohl um

1500 erbaut, der Rest stammt aus der Zeit um 1680. Die Neidköpfe sollen das Böse abwehren.

Ehemaliges Diakonatshaus, Schlichtener Straße 8. Dieses prächtige Fachwerkhaus wurde um 1600 erbaut und 1714 von der geistlichen Verwaltung als Dienstwohnung für den Diakon gekauft. Hier wurde *Karl Friedrich Reinhard* geboren.

Links von Haus Nr. 10 beginnt die Römmelgasse, hier sehen wir weitere bemerkenswerte alte Häuser:

Haus auf der Mauer, Römmelgasse 18. Das reizvolle, unregelmäßig errichtete Gebäude wurde 1730 erbaut.

Haus am Gumpbrunnen, Römmelgasse 14. Das schmale Haus mit dem spitzen Giebel wurde 1685 errichtet, davor steht ein gusseiserner Brunnen aus dem 19. Jahrhundert.

Weingärtner- und Rotgerberhaus, Römmelgasse 10. Das mächtige, dreistöckige Haus stammt wohl aus der Zeit um 1550. Es besitzt im Erdgeschoss ein rundbogiges Scheunentor, eine Stalltür, zwei Kellertore sowie eine Haustür mit Oberlicht.

Wir gehen nun zurück zur Schlichtener Straße und – an der Kirche vorbei – zurück zum Marktplatz. An dessen Ostseite, zu Beginn der Johann-Philipp-Palm-Straße, sieht man an der Ecke links die Palmsche Apotheke und gegenüber die Gauppsche Apotheke.

Palmsche und Gauppsche Apotheke, Marktplatz 2. Die **Palmsche Apotheke** wurde etwa 1660 vom Zimmermann *Matthäus Atzisberger* auf einem Steinsockel von 1553 erstellt und 1696 und 1735 umgebaut. Das Haus ist ein hochgiebeliger Fachwerkbau mit prächtiger Fassade. Das benachbarte Haus entstand um 1650, das beide verbindende Zwerchhaus 1696. 1976 bis 1979 wurde die Palmsche Apotheke vollständig abgerissen und neu erbaut, wobei die Fachwerk-Struktur renoviert und als Fassade verwendet wurde. Die Apotheke existiert seit 1644.

Gegenüber steht die 1663 nach der Zerstörung des Vorgängerbaus beim Stadtbrand 1634 vom Zimmermann *Jakob Aimann* erbaute **Gauppsche Apotheke,** auch sie ein hochgiebeliger Fachwerkbau. Seit 1689 befindet sich eine Apotheke in ihr.

Wenn wir die Johann-Philipp-Palm-Straße weitergehen, sehen wir rechts einen alten Brunnen aus dem 18. Jahrhundert, danach kommt erst das Spitalgebäude und anschließend links das Stadtarchiv.

Spitalgebäude, Johann-Philipp-Palm-Straße 10. Das stattliche Gebäude besitzt eine prächtige Fachwerkfassade und war Sitz des ehemaligen Spitals zum Heiligen Geist, das vor 1420 als Altenheim und Waisenhaus gegründet wurde. Wer reich war, konnte sich als Pfründner einkaufen, Arme und Waisen durften umsonst hier wohnen. Das Spital finanzierte sich von seinem reichen Vermögen, zu dem zahlreiche Maierhöfe, drei Mühlen, einige

Häuser und fünf der sechs Schorndorfer Keltern gehörten. Es war so reich, dass es 1464 dem Landesherrn tausend Gulden gegen alle Rechte an dem Dorf Weiler leihen konnte.

Das heutige Gebäude wurde 1558 errichtet und 1582 erneuert. 1634, bei der Beschießung im Dreißigjährigen Krieg, blieben Keller und Erdgeschoss unbeschädigt. Über dem schönen Portal von 1558 sieht man die Wappen der Stadt (Schoren) und des Spitals (Kreuz). Auch auf der Rückseite sind Wappen angebracht.

Stadtarchiv, Archivstraße 2. Da das 1785 bis 1788 erbaute klassizistische Gebäude bereits damals feuerfest sein sollte, hat man es mit eisernen Fensterläden versehen und die Decken mit Steinplatten belegt.

Nach dem Archiv gehen wir nach rechts in die Archivstraße, wo die ehemalige Meierei des Spitals steht.

Meierei des Spitals, Archivstraße 4. Das Haus wurde 1685 bis 1688 über dem Keller eines beim Stadtbrand zerstörten Gebäudes erstellt.

Auf der gegenüberliegenden Straßenseite liegt die Straße Ochsenberg, hinter der das Burgschloss, der Rest der ehemaligen Festung, steht. In der Straße Ochsenberg kann man auch noch einen kleinen Rest der um 1250 erbauten Stadtmauer sehen.

Schloss. Das Schloss wurde 1538 bis 1544 von *Herzog Ulrich von Württemberg* (1487–1550) erbaut und gehörte zu den einst sieben Festungen Württembergs. Es er-

Schorndorf ist eine der schönsten Fachwerkstädte Württembergs.

135

hielt damals seine heutige Gestalt mit den vier Rundtürmen. In der ersten Bauphase entstanden die Bastionen, danach legte man einen 30 Meter breiten Erdwall und einen 35 Meter breiten Wassergraben an. 2000 Facharbeiter und Tagelöhner waren bis 1544 mit diesen Arbeiten beschäftigt. Durch die fast zwei Kilometer lange Wallmauer war die Schorndorfer Festung die teuerste aller Landesfestungen, die *Herzog Ulrich* bauen ließ. Bereits 1546 bestand die Festung im Schmalkaldischen Krieg ihre erste Bewährungsprobe. *Herzog Christoph*, der Sohn *Herzog Ulrichs*, modernisierte und erweiterte die Festungsanlage dann. Beim großen Stadtbrand 1634 im Dreißigjährigen Krieg blieb das Burgschloss erhalten. Heute sieht man eine dreigeschossige Vierflügelanlage mit starken, aber niedrigen Rundtürmen an den Ecken; das Tor an der Nordseite ist mit einer Pechnase und dem Wappen *Herzog Ulrichs* versehen. Auch die anderen Inschriften und Wappen an den Türmen sollte man beachten. 1811 bis 1880 hat man die wesentlichen Teile des Festungswerkes abgebaut, 1834/35 wurde das Schloss umgestaltet. Heute beherbergt es Behörden.

Vom Schloss aus gehen wir nach Norden zurück zur Johann-Philipp-Palm-Straße, wo wir auf das ehemalige Jagdschloss und Obervogtei stoßen.

Jagdschloss und Obervogtei, Johann-Philipp-Palm-Straße 28. Das Gebäude wurde 1555 unter *Herzog Christoph* als Nebenresidenz und Amtssitz des Obervogts errichtet. Es überstand 1634 im Dreißigjährigen Krieg den großen Stadtbrand. Der westliche Flügel wurde von *König Friedrich* (1754–1816) als Jagdschloss eingerichtet.

Wir gehen nun die Johann-Philipp-Palm-Straße zurück in Richtung Marktplatz, biegen aber nach rechts in die Konstanzer-Hof-Straße ein. Wo diese auf die Höllgasse trifft, steht links der Konstanzer Hof, ein altes Fachwerkhaus.

Konstanzer Hof, Konstanzer-Hof-Gasse 13. Das Haus wurde 1483 erstmals erwähnt, als das Konstanzer Domkapitel hier einen Pfleghof einrichtete. Es brannte mehrmals ab und wurde jedes Mal neu erbaut. Nach Auflösung des Bistums Konstanz wurde das Gebäude 1819 an einen Bierbrauer verkauft. Der Sohn des letzten Konstanzer Pflegers war *Heinrich August Weckherlin* (1767–1828), der später württembergischer Finanzminister wurde.

In der Höllgasse treffen wir auf ein reizvolles Ensemble alter Fachwerkhäuser, darunter das Geburtshaus von Gottlieb Daimler und das Restaurant zum Pfauen. Die Höllgasse verdankt ihren Namen einem traurigen Ereignis: 1690 legte ein betrunkener Soldat Feuer und 75 Häuser brannten ab. Die vorher enge und dunkle Gasse wurde beim Wiederaufbau verbreitert und war nun die »Helle Gasse«.

Geburtshaus von Gottlieb Daimler, Höllgasse 7. Das Gebäude wurde um 1700 erbaut. Die *Daimlers* wanderten 1660 aus Thüringen zu, das Haus wurde von *Gottlieb Daimlers* Großvater in zwei Raten, 1787 und 1806, gekauft. Das Geburtshaus des Firmengründers wurde 1979 von der heutigen Daimler-Chrysler AG erworben und dient jetzt als Museum und Tagungsstätte.

Restaurant zum Pfauen, Höllgasse 9. Das Ackerbürgerhaus wurde 1660 erbaut. Hier befanden sich früher eine Bäckerei und eine Färberwerkstatt. Über der Tür ist eine Kartusche mit Brezel angebracht.

Wir biegen nun nach links in die Moserstraße, überqueren die Karlstraße und befinden uns in der Arnoldstraße.

Galerie für Technik und Galerie für Kunst, Arnoldstraße 1. Auf dem Gelände der ehemaligen Eisenmöbelfabrik Arnold wurde 2004 eine lebendige Technik-Schau eröffnet, in deren Mittelpunkt der leichte, schnelllaufende Benzinmotor steht, die große Erfindung von Gottlieb Daimler. Man erfährt aber auch etwas über den Flugzeugkonstrukteur Ernst Heinkel und den Luftfahrtunternehmer und Luftbildfotografen Paul Strähle. Die Galerie für Kunst verdeutlicht in Wechselausstellungen die Vernetzungen von Kunst und Technik.

Wer nun den Stadtbummel beenden möchte, spaziert zurück zur Karlstraße, biegt in diese nach rechts ein und sieht beim Karlsplatz schon den Bahnhof.

Geniessen am Ebnisee . . .

Schassberger Ebnisee

Hotel Restaurants Terrasse Kuchen Vesper Shop Cocktailbar Events Catering Vitalis Wellness Hochzeiten Seminarräume Kochkurse Brunch

73667 Ebnisee Tel. 07184-2920 www.schassberger.de

Wirtshaus am Ebnisee

Seeterrassen Biergarten Bootsverleih Gaststube mit Kinderspielecke Durchgehend warme Küche Gäste- und Familienzimmer Festraum

73667 Ebnisee Tel. 07184-292 239 www.wirtshausebnisee.de

Schwäbisch Gmünd

Schwäbisch Gmünd, die älteste Stadtgründung der Staufer in Württemberg, ist die größte Stadt zwischen Stuttgart und Aalen, dementsprechend bietet sich in ihren historischen Mauern auch städtisches Flair. Neben dem mittelalterlichen Stadtbild beeindrucken die im Spätbarock entstandenen beziehungsweise umgebauten Bürgerhäuser. Glücklicherweise blieb die Stadt im Zweiten Weltkrieg unzerstört.

■ **Höhe:**
315–780 m

■ **Auskunft:**
i-Punkt, Marktplatz 37/1, 73525 Schwäbisch Gmünd, Tel. (0 71 71) 6 03 - 42 10, Fax - 42 99, Internet: www.schwaebisch-gmuend.de, E-Mail: tourist-info@schwaebisch-gmuend.de.

■ **Aus der Geschichte**
Um 150 bis 260 n. Chr. gab es eine militärische Niederlassung der Römer auf dem Schirenhof, einem Kastell, das etwa einen Kilometer südwestlich der heutigen Stadt liegt. Teile davon sind heute noch zu besichtigen. Im Rotenbachtal, etwas westlich von Schwäbisch Gmünd, lag die Grenze zwischen der Provinz Obergermanien und der Provinz Rätien.

Auf das Jahr 782 verfälscht wurde eine Urkunde aus dem 9. Jahrhundert, die zum ersten Mal den Namen »Gamundias« im Herzogtum Alamannien erwähnte. Aus einer seit damals bestehenden Vor-
gängersiedlung entstand dann ein Verwaltungsmittelpunkt, der später als umwehrter Marktort Bedeutung für die Umgebung erlangte. Um 1100 wurde Gmünd unter den ersten Stauferherzögen zu einer Marktsiedlung ausgebaut und vermutlich unter dem 1152 gestorbenen *König Konrad III.* zur Stadt ernannt, 1162 erstmals als Stadt erwähnt. Es ist damit die älteste bezeugte staufische Stadt Südwestdeutschlands. Das 13. und 14. Jahrhundert war eine erfolgreiche Zeit für Gmünd, denn damals konnte sich die Stadt kulturell und wirtschaftlich gut entwickeln. Gerade die um 1220 bis 1250 erbaute Sankt-Johannis-Kirche gibt ein gutes Zeugnis von dem Bürger- und Zunftstolz der Bewohner. Um 1220 wurde in Gmünd eine der ältesten Niederlassungen des Franziskanerordens in Deutschland gegründet. 1240 folgte das Dominikanerinnenkloster Gotteszell und um 1269 das Spital zum Heiligen Geist. 1284 bis 1294 wurden das Augustiner- und das Dominikanerkloster gegründet. Um 1315 hat

man mit dem Bau des gotischen Münsters, der ältesten Hallenkirche Süddeutschlands, begonnen.

Die Stadt wurde ursprünglich von Vertretern der einflussreichen Geschlechter und einem Schultheißen regiert, ab 1284 gesellte sich ein Bürgermeister als Vertreter der Bürgerschaft hinzu. Ab 1360 besaßen auch die Zünfte ein Mitspracherecht. Um 1430 erhielt die Stadt von *Kaiser Sigismund* das Recht, den Schultheißen einzusetzen; damit war die 1284 begonnene Entwicklung zur Autonomie des Rates abgeschlossen.

Während der Reformation blieb Gmünd als einzige Reichsstadt katholisch; 1522 bis 1530 gab es Auseinandersetzungen zwischen der altgläubigen katholischen und der reformatorischen Richtung, die mit dem Sieg der Katholiken endeten. 1532 besuchte *Kaiser Karl V.* die Stadt. 1546, während des Schmalkaldischen Kriegs, wurde Gmünd von Soldaten der protestantischen Truppen erobert und geplündert. 1634/35 gab es eine große Pestepidemie; von den Gräueln des Dreißigjährigen Krieges blieb die Stadt bis auf Kontributionen und Einquartierungen verschont. 1720 bis 1790 wurden viele Gebäude in barockem Stil umgebaut, maßgeblich waren hierfür vor allem der *Stadtbaumeister Johann Michael Keller* sowie der *Baumeister Dominikus Zimmermann* (Franziskanerkirche und Prediger) und die *Maler Johann Anwander* (Augustinerkirche) und *Josef Wannenmacher* (Franziskaner- und Leonhardskirche).

Marktplatz in Schwäbisch Gmünd

139

1802 kam Gmünd durch die napoleonische Flurbereinigung an Württemberg, im Zuge dessen wurden die Klöster der Stadt aufgehoben. Gmünd wurde zur Garnisonsstadt.

1372 wurde erstmals ein Goldschmied in Gmünd erwähnt. Die Gold- und Silberschmiede waren ein bedeutendes Gewerbe der Stadt; so zählte man um 1700 94 Werkstätten und 1739 sogar 250 Gold- und Silberschmiedemeister. Im 15. und 16. Jahrhundert waren auch die Gmünder Sensenschmiede weithin berühmt, ebenso die Huf- und Wagenschmiede. Ab 1785 begann der wirtschaftliche Niedergang Gmünds, da die wichtigsten ausländischen Absatzmärkte, insbesondere durch die Zollpolitik *Kaiser Josephs II.,* verschlossen wurden. Viele Goldschmiede wanderten daher aus, vor allem nach Wien und Prag. Ab etwa 1832 begann die industrielle Produktion von Gold- und Silberwaren.

■ **Berühmte Gmünder**

Bekannt sind die aus Gmünd stammenden Maler *Hans Baldung, genannt Grien* (ca. 1484–1545) und *Jörg Ratgeb* (um 1480–1526). – Ebenfalls berühmte Söhne der Stadt sind der Maler *Hermann Pleuer* (1863–1911) und Bischof *Paul Wilhelm von Keppler* (1852–1928).

■ **Besichtigung**

Wir beginnen die Besichtigung am Bahnhof: Zunächst gehen wir zur B 29 und an ihr entlang kurz in Richtung Stuttgart bis zur Rektor-Klaus-Straße; gleich darauf biegen wir aber nach links ab in den Stadtgarten. Dort sehen wir bald eine interessante Sonnenuhr von 1770, die gleichzeitig eine Winduhr mit Wetterfahnen ist. Beachten sollte man auch die Skulpturen im Park, darunter den »Geiger von Gmünd« (1906).

Stadtgarten. In dem öffentlichen Ziergarten steht ein Rokoko-Schlösschen, das von *Johann Michael Keller* als Lusthaus für den Bürgermeister *Georg Franz Stahl, Edler von Pfeilhalden,* und seine *Frau Veronika* 1780 erbaut wurde. Am Balkon sieht man in einer Kartusche das Familienwappen des Paares.

Hinter dem Schlösschen stoßen wir auf die Bahnhofstraße, auf ihr gehen wir nach rechts bis zum Zollhäuschen.

Zollhäuschen. Das ehemalige Torhaus stammt von 1827 und besitzt dorische Säulen.

Hinter ihm sehen wir den Fünfknopfturm.

Fünfknopfturm. Der Wehrturm in der äußeren Stadtmauer stammt aus dem 15. Jahrhundert, der Dachstuhl ist von 1425. Bis 1918 war der 27 Meter hohe Turm mit Brandwächtern besetzt, danach diente er Wohnzwecken. Seinen Name hat er von den Knäufen der durch Erker erweiterten Bekrönung.

Wir gehen hinter dem Turm nach rechts bis zur Bocksgasse; sie hieß im Mittelalter – nach einem Dorf namens Utinkoven – Eutigho-

fer Straße. Der heutige Straßenname stammt von der Bockswirtschaft, die sich neben dem Eutighofer Tor befand.

Palais Debler. Das Gebäude diente früher als Wohnung für reiche Patrizier und Mitglieder des Adels.

Wir spazieren durch die Fußgängerzone nach links bis zur Augustinerstraße, in die wir nach rechts einbiegen und kommen zur Augustinuskirche.

Augustinuskirche. 1284/85 ließ sich der Bettelorden der Augustiner-Eremiten in Gmünd nieder. Die mächtige Saalkirche mit Langchor geht auf einen Bau aus dem 15. Jahrhundert zurück. 1756/57 wurde die ursprünglich schlichte Klosterkirche von *Johann Michael Keller* barockisiert. Durch Veränderung von Fenstern, Giebeln und Decken schuf er einen hellen Barockraum. Die prächtigen Decken- und Wandfresken stammen von *Johann Anwander,* die Stuckarbeiten wurden von Meistern der Wessobrunner Schule ausgeführt. Seit 1806 diente die Kirche als evangelische Garnisonskirche, ab 1820 als evangelische Stadtkirche.

Hinter der Augustinuskirche befindet sich das Stadtarchiv.

Stadtarchiv. Das 1578 erbaute Haus diente bis 1802 als Lateinschule, dann nacheinander als evangelische Volksschule, als evangelisches Vereinshaus und als Mädchenrealschule. Seit 1939 ist hier das Stadtarchiv untergebracht.

Mitten auf dem Münsterplatz steht das Heilig-Kreuz-Münster.

Heilig-Kreuz-Münster.
»…stattlich wie ein Dom…«
Eugen Gradmann

Zu den berühmtesten Bauwerken Gmünds gehört das Heilig-Kreuz-Münster, die älteste gotische Hallenkirche Süddeutschlands. Sie wurde 1315 bis 1521 (Baubeginn des Hallenchors: 1351) anstelle einer romanischen Vorgängerkirche in wesentlichen Teilen von der Baumeisterfamilie *Parler* aus Köln erbaut; um 1380 allerdings zog die Bauhütte der *Parler* nach Ulm. Der Chor stammt vielleicht von *Heinrich Parler;* zu ihm wurde von *Heinrich Wortmann* im Katalog zur großen Parlerausstellung 1977 geschrieben: »Er gilt zu Recht als der Schöpfungsbau; mit ihm beginnen fast alle Darstellungen der spätgotischen Architektur in Deutschland.« *Peter Parler* wird das Bogenfeld am südlichen Chorportal zugeschrieben, ebenso der durch eine umlaufende Balustrade quergeteilte Chor. Später arbeiteten hier die ebenfalls berühmten Baumeister *Aberlin Jörg* und *Hans von Urach.* Bemerkenswert sind das Heilige Grab im Kapellenkranz des Chors (1350), der Sebaldus-Altar, der Altar in der Taufkapelle (1510) sowie weitere spätgotische Altäre, davon einer angeblich aus der Werkstatt *Albrecht Dürers,* das Renaissance-Chorgestuhl, der gewaltige Orgelprospekt aus dem Hochbarock, die Kanzel mit dem Kanzelträger (1551/1718), der neugotische Hochaltar und die Glasmalereien, die teilweise jüngeren Datums sind. Erwähnt werden soll auch der reiche Figurenschmuck, besonders bei den beiden ab 1351 geschaffenen Chorportalen. Einen eigenen Turm besitzt die Kirche nicht; die Glocken sind im benachbarten Glockenturm untergebracht. Auf dem Kirchendach selbst sitzt ein zierliches, zwölf Meter hohes Türmchen.

Rechts des Münsters können wir einen kurzen Abstecher zur Fuggerei machen.

Marienfigur am Münster

Fuggerei. 1601 nahm *Anton Graf Fugger zu Kirchberg und Weissenhorn* – er stammte aus der berühmten Augsburger Kaufmanns-Familie – hier seinen Wohnsitz, führte aber in Gmünd kein Handelsgeschäft. Die Fuggerei, in deren Umfassungsmauern sich noch romanische Mauerreste finden, ist eines der ältesten Steinhäuser Gmünds; der Fachwerküberbau entstand vermutlich im 15. Jahrhundert. Das Anwesen war im späten Mittelalter Sitz des Schultheißen und diente später als reichsstädtisches Repräsentationsgebäude. 1939 wurde das Fachwerk freigelegt.

Hinter der Fuggerei liegt die Straße Brandstatt, die ihren Namen von einem großen Stadtbrand hat. Rechts von der Kirche steht eine Mariensäule (1693) und auf dem Weg zum Löwenbrunnen das Kapitelshaus.

Kapitelshaus. Dieses Rokokohaus war ursprünglich das Wohnhaus der Geistlichen an der Pfarrkirche. Das dreigeschossige Gebäude ist 16 Meter hoch und wurde 1764 von *Stadtbaumeister Keller* an der Stelle eines früheren Renaissancehauses erbaut.

Hinter der Kirche finden wir den Löwenbrunnen.

Löwenbrunnen. Die Brunnensäule wurde vermutlich im letzten Drittel des 16. Jahrhunderts geschaffen. Am Brunnentrog sieht man Wappen alter Gmünder Geschlechter. Bis 1864 führte vom Zeiselberg eine etwa 700 Meter lange hölzerne Wasserleitung zu dem Brunnen, da dieser auch als Löschbrunnen diente.

Auf der anderen Seite des Münsters steht der den Glockenturm.

Glockenturm. Der Glockenturm war ursprünglich ein steinernes Wohnhaus aus der Zeit der Romanik. Als 1497 die beiden Türme des Münsters einstürzten, bekam das Haus seine jetzige Form und Funktion. Ungewöhnlich ist das pagodenähnliche Aussehen des Daches.

Wir gehen am Löwenbrunnen vorbei durch die Straße Hofstatt Richtung Rathaus, biegen aber davor links in das Milchgässle ein. Dort, im Gebäude Nr. 10, ist das Silberwaren- und Bijouteriemuseum Ott-Pausersche Fabrik untergebracht.

Silberwaren- und Bijouteriemuseum Ott-Pausersche Fabrik, Milchgässle 10. 1845 wurde die Ott-Pausersche Fabrik gegründet, noch bis vor 25 Jahren arbeitete Emil Pauser selbst in diesen Räumen. Die Fabrik war 1860 der beste Steuerzahler der Stadt; allein nach Kuba wurden jährlich Goldwaren im Wert von 200 000 Gulden geliefert. Außerdem besaß sie ein kleines Gaswerk, das die umliegenden Edelmetallfabriken, das Rathaus und einige Gaststätten belieferte sowie für die Gasbeleuchtung in Gmünd sorgte.

Die Fabrik wurde im Originalzustand belassen, der Besucher sieht die in allen wesentlichen Teilen erhaltene Anlage aus dem 19. Jahrhundert: Schmelzöfen und von einer Transmissionsanlage angetriebene Krafthämmer, weiter Fallhammer, Drahtziehbank, Schleif- und Poliermaschinen und auch sonst alles, was zu einer solchen Fabrik gehörte. Eine Tonbildschau informiert über die Industrialisierung Schwäbisch Gmünds, ergänzend zeigt die Ausstellung Schmuck und Silbergerät.

Nun gehen wir weiter zum Kornhaus.

Kornhaus, Kornhausstraße 14. Das mächtige dreigeschossige Fachwerkgebäude wurde 1507 als Fruchtschranne, also als Getreidespeicher erbaut. Das dreischiffige Gebäude mit den fünf Jochen besitzt eichene Säulen, Riegelwerk und einen dreigeschossigen Aufbau. Einst war es von den Giebel- und Längsseiten her durch Tore befahrbar. Im mittleren Joch des Gebäudes ist ein Aufzugsgöpel zu sehen. Da man Streben und so genannte Andreaskreuze beim Bau verwendete, konnte man auf Überblattungen verzichten.

Gegenüber finden wir ein bemerkenswertes Patrizierhaus.

Patrizierhaus, Kornhausstraße 25. Dieses prächtige Haus, ursprünglich im Rokokostil errichtet, wurde 1761 von *Stadtbaumeister Keller* umgebaut.

Auch auf dem Weg zum Marktplatz steht ein weiteres sehenswertes Gebäude.

Kornhausstraße 8. Das auf ei-

Fries an der Johanniskirche

nem schmalen Platz stehende Rokokogebäude mit seinem eleganten Giebelaufsatz wurde 1773 von *Baumeister Keller* für die Kaufmannsfamilie Büchler-Wildanger erbaut.

Nun gehen wir durch die Kornhausstraße nach Norden zum Marktplatz und zur Vorderseite des Rathauses. Der Marktplatz, einer der schönsten und größten Süddeutschlands, ist 200 Meter lang, 35 Meter breit und umgeben von schönen alten Häusern. Die älteren Fachwerkhäuser wie z. B. die Grät, das Amtshaus des Spitals oder das Kornhaus, an dem wir schon vorbeigekommen sind, bilden einen lebhaften Kontrast zu den barocken Prachtbauten der reichen Patrizier und des Rathauses.

Rathaus, Marktplatz 1. Das Gebäude ging aus einem ehemaligen Bürgerhaus hervor, das 1760 von *Johann Michael Keller* für den reichen Handelsherrn *Melchior Debler* gebaut und von 1783 bis 1785 ebenfalls von *Keller* zum Rathaus umgebaut wurde. Das alte, 1523 erbaute Rathaus war nach dem Brand von 1793 aus Sicherheitsgründen abgerissen worden. Der Straßenname Brandstatt erinnert noch an den Brandort.

Marienbrunnen. Am Trog des Brunnens sind die Wappen von zehn Gmünder Geschlechtern zu sehen, auf der bauchigen Renaissancesäule steht eine doppelseitige Barockmadonna (1686). Die Wasserzufuhr erfolgte bis zum Ende des 19. Jahrhunderts noch durch eine über einen Kilometer lange Rohrleitung vom Becherlehen nördlich der Stadt.

An der Westseite des Marktplatzes, beim Rathaus, steht das Haus Grät.

Grät, Marktplatz 7. Die Grät ist eines der ältesten Häuser Schwäbisch Gmünds. Es besitzt noch romanische Fundamente und Buckelquader aus der Stauferzeit. Einst diente es als Rathaus, war Sitz des Schultheißen, später Kaufhaus. 1536 wurden der steinerne Unterbau und das erste Fachwerkgeschoss errichtet. Das Relief mit den Heiligen Drei Königen befand sich früher in der abgerissenen Nikolauskapelle im ehemaligen Kapellturm; es erinnert daran, dass die heiligen Reliquien sich – bei ihrer Überführung von Mailand nach Köln – angeblich kurze Zeit in Gmünd befunden haben sollen.

Nahebei steht das Haus **Marktplatz 11.** Das Gebäude ist ein von *Keller* umgebautes Barockhaus und das Stammhaus des Handelsgeschäfts von *Franz Achilles von Stahl.* Es besitzt ein prächtiges Portal mit geschmiedetem Oberlichtgitter, am Schlussstein sind die Wappen der Familien *Stahl* und *Wingert* angebracht.

Im Mittelbereich des Marktplatzes liegt das Haus Post.

Post, Marktplatz 16 und 18. Das Gebäude wurde 1780 von *Stadtbaumeister Johann Michael Keller* für den Posthalter und Kantenwirt *Johann Michael von Stahl* erbaut. Später befand sich in dem Gebäude das Gasthaus »Zum goldenen Kasten«, in dem schon *Johann Caspar Schiller,* der Vater des Dichters, und *Johann Wolfgang von Goethe* übernachtet haben.

Auf der Westseite steht die Mohrenapotheke.

Mohrenapotheke. Das vorher einfache Giebelhaus wurde 1763 von *Keller* für *Achilles Stahl* in barockem Stil umgebaut. Die Außenfresken stammen von *Josef Wannenmacher* (1765) und wurden 1953 nach Fotografien rekonstruiert.

Am Marktplatz befindet sich auch die Johanniskirche.

Johanniskirche. »*Hauptbeispiel des wurzelechten schwäbischen Spätromanismus, der von der aus Frankreich kommenden, den deutschen Westen schon in Gärung versetzenden neuen Stilbewegung nichts weiß.*«
Georg Dehio

Die *Johannes dem Täufer* geweihte Kirche ist eine flachgedeckte spätromanische Pfeilerbasilika, die zwischen 1220 und 1250 über den Fundamenten einer Vorgängerkirche aus dem 12. Jahrhundert erbaut wurde. Ihr Äußeres ist mit Tier- und Pflanzenplastiken sowie mit Ornamenten reich geschmückt. Der Chor wurde im 19. Jahrhundert rekonstruiert, der Turm zeigt frühgotische Anklänge. Im 19. Jahrhundert versuchte man durch den Neubau eines stilgemäßen Chors und andere Veränderungen das ursprüngliche Aussehen der Kirche wiederherzustellen.

Sagen aus Schwäbisch Gmünd. Zwei hübsche Geschichten ranken sich um die Entstehung der Kirche:

Der Sage nach soll Herzogin Agnes von Hohenstaufen, die Gemahlin Friedrichs I., auf einer Jagd ihren Ehering verloren haben, was – der damaligen Vorstellung nach – auf Ehebruch hindeutete. Man suchte zwar nach dem Ring, fand ihn aber nicht. Doch eines Tages wurde ein weißer Hirsch erlegt, an dessen Geweih der Ring hängen geblieben war. Zum Andenken daran ließ die Herzogin, so heißt es, die Kirche erbauen.

An der Kirche sieht man eine in Stein gemeißelte Szene, die zeigt, wie der Teufel einem Maurerlehrling die Nase herausreißt. Angeblich soll gegen Ende der Bauzeit des Kirchturmes ein Maurerbub, der wohl vom Schleppen genug hatte, gesagt haben: »Wenn ich noch einmal einen Eimer mit Kalk hinauftragen muss, dann soll mir der Teufel die Nase ausreißen.« Und es kam, wie es kommen musste: Der Turm war tatsächlich noch nicht fertig und der Lehrling musste einen weiteren Kübel auf den Turm tragen – und der Teufel riss ihm dann die Nase aus! Nach einer anderen Version soll der Baumeister Herzogin Agnes versichert haben, es seien genügend Steine vorhanden und wenn nur einer fehle, so solle ihm der Teufel die Nase ausreißen – und es fehlte gerade ein Stein!

Hinter der Kirche kommt man zu dem so genannten Prediger.

Prediger, Johannisplatz 3. Das ehemalige Dominikanerkloster wur-

de 1294 gegründet. Die ursprünglich in gotischem Stil errichtete Kirche wurde 1762 bis 1764 von *Johann Michael Keller* barockisiert. Nachdem das Kloster 1802 aufgelöst wurde, diente die Anlage im 19. Jahrhundert dann als Kaserne, und seit 1973 wird sie als Kulturzentrum genutzt. Neben der Galerie der Stadt und der Volkshochschule befindet sich dort das »Museum für Natur & Stadtkultur« mit einer naturgeschichtlichen Ausstellung und Exponaten zur städtischen Kultur in Gmünd.

Beim Prediger finden wir das Haus Walfisch; ihm gegenüber stand früher das Zunfthaus der Goldschmiede- und Feuerarbeiter. Wir gehen nun vom Marktplatz aus neben dem Haus Post nach Osten bis zur Franziskanergasse, wo die Franziskanerkirche steht.

Franziskanerkirche. Die Kirche gehört zum ältesten Kloster Gmünds, dem um 1250 gegründeten Franziskanerkloster. Die in ihren Ursprüngen romanische, dann gotische Kirche wurde um 1720 bis 1750 barockisiert. Der Hochaltar stammt möglicherweise von *Dominikus Zimmermann,* dem Erbauer der berühmten Wieskirch in Oberbayern. *Josef Wannenmacher* hat die Fresken geschaffen. Die Gemälde der Seitenaltäre wurden von *Johann Georg Strobl* gemalt, dem bekanntesten Porträtmaler der Zeit des Barock in Gmünd.

Rechts daneben steht das Schwörhaus.

Schwörhaus. Das südlich der Franziskanerkirche stehende Schwörhaus war der Wirtschaftshof des Klosters Königsbronn. Es wurde, nachdem das Vorgängergebäude abgebrannt war, 1589 bis 1591 im Renaissancestil neu erbaut. Hier schworen alljährlich am 10. August, dem Lorenzitag, die Bürgerschaft und der Magistrat ihren Eid.

Weiter geht es nun über den Kalten Markt nach Nordwesten bis zur Honiggasse, wo wir uns rechts halten. Der Name Kalter Markt kommt von dem in der kalten Jahreszeit abgehaltenen Viehmarkt; zur Zeit der Staufer befand sich hier ein Teil des Stadtgrabens. Gleich sehen wir links den Faulturm.

Faulturm. Der rund zwanzig Meter hohe Turm in der äußeren Stadtmauer wurde vor 1350 errichtet. Der untere Teil ist aus Buckelquadern erbaut. Ende 1969 brannte er aus.

Haus Post am Marktplatz

Wir spazieren weiter in dem Gässchen, bis wir links Teile der Stadtmauer sehen. Von ihr sind noch Reste aus der Zeit vor 1350 erhalten. Der äußere Ring der Ummauerung besaß einst 24 Türme und Halbtürme, die im 19. Jahrhundert bis auf sechs abgebrochen wurden. Wir halten uns rechts bis zur Hinteren Schmiedgasse; sie ist nach 1300 und nach dem Bau der Stadtmauer durch die Ansiedlung von Schmieden entstanden. Nach links geht es nun zum Schmiedturm.

Schmiedturm. Der vor 1350 erbaute Torturm in der äußeren

Stadtmauer ist 32 Meter hoch. Das obere Turmgeschoss wurde vermutlich 1498 aufgesetzt. In dem Turm befand sich die Wohnung des Türmers. Die Wappentafel zeigt das Wappen der Stadt.

Von Schmiedturm aus gehen wir durch das schmale Gässchen, dem Verlauf der Stadtmauer folgend, zum Wasserturm.

Wasserturm. Der knapp 27 Meter hohe Turm in der äußeren Stadtmauer wurde vor 1350 erbaut, sein Dachwerk stammt von 1409 und 1480. Unter dem Turm floss durch eine Bogenöffnung der Höferlesbach in die Stadt.

Südlich davon liegt der Rinderbacher Torturm.

Rinderbacher Torturm. Der knapp 36 Meter hohe Torturm in der äußeren Stadtmauer wurde vor 1350 aus glattem Mauerwerk errichtet. Das Dachwerk stammt von 1420. Auf der Ostseite sieht man das Wappen der Reichsstadt. Die hellen Steine in der Fassade wurden bei Ausbesserungsarbeiten Anfang der sechziger Jahre des 20. Jahrhunderts eingesetzt; es wurden die Beschädigungen repariert, die durch die Einschläge von Kanonenkugeln im Schmalkaldischen Krieg (1546) entstanden waren.

Nun spazieren wir durch die Rinderbacher Gasse, bis wir links oben den Königsturm sehen.

Königsturm. Der vor 1350 erbaute, 39 Meter hohe Königsturm ist der mächtigste Turm der Stadt und steht in der äußeren Stadtmauer. Er ist aus Bruchsteinmauerwerk erbaut und wurde wegen seiner Lage als Hochwacht genutzt. Im Untergeschoss befand sich bis 1802 ein Verlies, im 19. Jahrhundert der städtische Eiskeller. Das Dachwerk stammt von 1407 und 1564.

Wir gehen dann weiter bis zum Rathaus und auf dem Marktplatz nach rechts bis zum Heilig-Geist-Spital und zum Waisenhaus.

Spital zum Heiligen Geist. Dieses Hospiz der Spitalbrüder wurde 1269 gegründet, zu Reichsstadtzeiten besaß es viel Grundbesitz.

Das Amtshaus, ein Fachwerkbau, wurde 1434 errichtet, der nördliche Anbau im 16. Jahrhundert. An seiner Fassade ist der »Schwäbische Mann« gut zu erkennen, ein Kennzeichen alemannischen Fachwerkbaus. In dem Anbau befindet sich die so genannte Uhrenstube, ein vertäfelter Raum aus der Spätrenaissance. Im Hof steht die Spitalmühle, ein prächtiger Fachwerkbau aus dem 16. Jahrhundert. Ab dem 19. Jahrhundert bis 1985 diente das Spital mehr als Krankenhaus denn als Armen- und Altenheim. Heute befinden sich die Stadtbücherei und Verwaltungseinrichtungen in der Anlage.

Waisenhaus. Das einstige Waisenhaus ist ein 1768 von *Johann Michael Keller* für *Franz Achilles Stahl* erbautes Stadthaus.

Von hier aus spazieren wir durch die Ledergasse zurück. In ihr arbeiteten im Mittelalter Gerber, Küfer und Fischer.

Waiblingen

Am Ende des Remstals zwischen dem Schmidener Feld, den Berglen und der Backnanger Bucht liegt die »Junge Stadt in alten Mauern«, Waiblingen, heute eine bedeutende Industriestadt und größte Stadt zwischen Stuttgart und Schwäbisch Gmünd. Bei einem Gang durch die Stadt mit ihren zahlreichen historischen Gebäuden und prächtigen Fachwerkfassaden kann man auch so manche liebevoll gestaltete Details entdecken: eigenwillig gestaltete Neidköpfe, hübsche Schlusssteine oder verzierte Eingangstüren. Die Stadt an der Rems besitzt außerdem etwa 50 Brücken und 35 Brunnen.

Die Rems windet sich auf zwölf Kilometern durch die Waiblinger Markung; an ihren Ufern findet sich eine liebliche, vielfältige Landschaft, bevor der Fluss bei Neckarrems in den Neckar mündet. Die geschützte Flussmäanderlandschaft ist noch auf weiten Strecken von Bebauung und Beeinträchtigung frei. Aus den Talauen heraus öffnet sich eine weite, freie Landschaft, die nach Nordosten in die Berglen und den Schwäbisch-Fränkischen Wald, nach Süden in den Schurwald und in die Ostalb übergeht. Und mit den Erleninseln haben die Waiblinger und ihre Besucher ein idyllisches Fleckchen Erde direkt vor der Haustüre.

Höhe:
- 209–500 m

Auskunft:
Verkehrsamt, Rathaus,
71332 Waiblingen, Telefon
(0 71 51) 50 01-4 23;
i-Punkt Tourist-Information, Lange
Straße 45, 71332 Waiblingen, Telefon (0 71 51) 50 01-155;
Internet: www.waiblingen.de
E-Mail: touristinformation@waiblingen.de

Blick in die Kurze Straße

■ Aus der Geschichte

Im Ortsgebiet hat man zwar Reste einer römischen Villa rustica entdeckt und die Alamannen siedelten um 260 unter dem Sippenältesten *Waibilo* hier, Waiblingen ging aber aus einer im 6./7. Jahrhundert gegründeten Siedlung hervor. Aus dieser Zeit fand man vor der westlichen Stadtmauer rund 600 Gräber. Damals wurde Waiblingen mit der Michaelskapelle die Urpfarrei der Umgebung, und zwar die größte im späteren Alt-Württemberg. 771 gehörte Waiblingen zum Heiratsgut von *Hildegard,* der zweiten Frau *Karls des Großen* – und so kam die Stadt zum karolingischen Hausbesitz. 801 soll *Karl der Große* auf seiner Durchreise in Waiblingen Urkunden ausgestellt haben. Unter *Karl dem Dicken* wurde es 885 als kaiserliches Hofgut genannt, stieg aber bald zu einer Pfalz auf. Zwischen 885 und 887 tauchte der Name Waiblingen viermal in Urkunden der Karolinger auf. Schon der 1024 zum König gewählte erste Salier *Konrad II.* trug als Herkunftsbezeichnung den Namen »de Weibelingen«, die Nachkommen von ihm und seiner Frau *Gisela von Schwaben,* sind die späteren »Heinriche von Waiblingen«. 1080 wurde der Ort von *Kaiser Heinrich IV.* der Domkirche in Speyer geschenkt, war aber bereits 1100 wieder in der Hand des Staufers *Herzog Friedrich von Schwaben*. Von der Bedeutung der Stadt zeugt die auf die Staufer gemünzte italienische Parteibezeichnung »Ghibellinen«, was eine italienisierte Form des Namens Waiblingen ist – man denke nur an den Schlachtruf »Hie Welf, hie Waibling«, der in der Schlacht bei Weinsberg-Ellhofen 1140 entstanden sein soll! Im 13. Jahrhundert kam Waiblingen an die Württemberger und *Graf Ulrich I.* erhob sie um 1246 zur »wirtembergischen« Stadt, seit etwa 1253 war sie württembergische Grafenstadt und man findet auch die drei übereinander liegenden Hirschstangen der Württemberger im Stadtwappen. 1291 brannten die *Grafen von Hohenberg* die Stauferburg in Waiblingen nieder. Im Krieg des *Grafen Eberhard I.* gegen die Reichsstädte konnte Waiblingen durch die Hilfe Esslingens 1310 bis 1316 kurzfristig die Reichsstadtwürde erreichen. Als man 1321 die württembergische Grablege von Beutelsbach nach Stuttgart verlegte, verlor Waiblingen an Bedeutung. 1514 zogen aufrührerische Bauern der Bewegung des »Armen Konrads« vor die Stadt, in der sich gerade *Herzog Ulrich* befand. Ein Blutvergießen wurde aber verhindert. 1525 besetzte ein Bauernhaufen vorübergehend Waiblingen. 1634 erlitt die Stadt schwere Zerstörungen durch die Kaiserlichen, den großen Brand sollen nur fünf Häuser außerhalb der Ummauerung überstanden haben! So stammen die Häuser innerhalb des früheren Mauerrings alle aus der Zeit danach, in der Regel aus dem 17. und 18. Jahrhundert. An die Zeit vor dem Brand erinnern lediglich die Straßenzüge und einige Grundmauern. Auch zwischen 1771 und 1784 gab es insgesamt neun große Brände, das 1291 bis 1297 erbaute Schloss der Grafen von Württemberg wurde nach diesen Zerstörungen nicht mehr aufgebaut.

■ Berühmte Waiblinger

Agnes von Waiblingen (1072–1143) wurde durch ihre beiden Ehen mit Friedrich von Hohenstaufen und Leopold III. von Österreich Stammmutter der Staufer und der Babenberger. Allerdings ist ihr Beiname »von Waiblingen« jüngeren Datums. Dafür gehörte sie mit Ihrem Gemahl Herzog Friedrich I. zu den Stiftern von Lorch.

Aus Waiblingen stammte auch der große Reformator *Jakob Andreä* (1528–1590). Er war ab 1562 Rektor der Universität Tübingen.

Die *Vorfahren des Dichters Friedrich Schiller* kamen aus Waiblingen und Umgebung: Sein Urgroßvater Caspar (1623–1695) stammte aus Neustadt, dessen ältester gleichnamiger Sohn (1649–1687) begründete den Bittenfelder Hauptzweig der Familie, aus der Johann Caspar Schiller (1723–1796) hervorging, der ab 1749 in Marbach lebte und 1759 Vater des Dichters wurde.

In Waiblingen geboren wurde die berühmte Scherenschnittkünstlerin *Louise Duttenhofer* (1776–1829).

Lange Zeit war der Dichter und Amtsrichter *Karl Mayer* (1786–

1870) in Waiblingen tätig. Er war unter anderem mit Wilhelm Hauff, Ludwig Uhland, Eduard Mörike, Nikolaus Lenau und Gustav Schwab befreundet.

Nach dem Fotografen *Siegfried Sauter* wurde in der Antarktis ein Gebiet, der »Sauter-Riegel«, benannt.

■ Besichtigung

Wir beginnen die Besichtigung am Alten Postplatz, den man vom Bahnhof aus durch die Bahnhofstraße zu Fuß oder mit dem Bus erreicht.

Alter Postplatz. Hier stand einst die erste Ziegeleifabrik Waiblingens. Als die Stadt 1861 an die Eisenbahn angeschlossen wurde, setzte die Industrialisierung ein und Waiblingen dehnte sich in Richtung Bahnhof aus. Bauten aus dieser Zeit sind die Karolingerschule (1902) und die Villa Roller (Nr. 16), die 1911/12 im Jugendstil errichtet wurde.

Am Alten Postplatz biegen wir links in die Lange Straße ein. Gleich zu Beginn sehen wir das Torwarthaus.

Torwarthaus am »Fellbacher Tor«, Zwinger und Stadtmauer, Lange Straße 61. Hier stand bis 1838 das »Fellbacher Tor«, einst der wichtigste Eingang in die Stadt. Heute sieht man nur noch das 1826 erbaute Torwarthaus mit dem Wappen von *Graf Ulrich V. dem Vielgeliebten.* Hier verlief auch die Stadtmauer.

Nun spazieren wir durch den Bürgermühlenweg nach rechts. Bei der

Brücke gehen wir die Stufen hoch und machen einen Abstecher nach rechts zum Nonnenkirchle und der dahinter stehenden Michaelskirche.

Nonnenkirchle, Alter Postplatz 19. Der Name dieser zweigeschossigen, 1496 von *Hans von Ulm* erbauten Kapelle stammt von einem früheren Beginenhaus, das sich in der Nähe befand und 1634 zerstört wurde. In dem gewölbten Untergeschoss befand sich früher ein Karner (Beinhaus). Die Kapelle im Obergeschoss wurde 1510 von *Hans von Ulm d. J.* eingewölbt, mit fein gearbeiteten Schlusssteinen versehen und ausgemalt.

Michaelskirche, Alter Postplatz 1. Die Kirche steht etwas außerhalb der eigentlichen Altstadt auf einem Hügel über der Rems. Am Fuß dieses Hügels befand sich einst vermutlich ein keltisches Quellheiligtum und vom 6. bis zum 8. Jahrhundert ein heiliger Hain der Alamannen. Der Name weist darauf hin, dass es wohl die erste Kirche der Umgebung war. Die dreischiffige Staffelhallenkirche stammt aus der Spätgotik und wurde im 15. Jahrhundert von den Baumeistern *Hans von Ulm d. Ä.* und *Peter von Lahn* erbaut. 1488 schrieb die Zacher'sche Ortschronik dazu: »Anno 1480 wurde dies Gotteshaus in eine rechte Pfarrkirche zu verwandeln angefangen und mit einem schönen Glockenturm vollführt, welcher von polierten Quadern also artig zusammengefügt, daß zur selbigen Zeit seinesgleichen im Land nicht zu fin-

den gewesen.« Im Inneren der Kirche kann man eine Steinkanzel von *Peter von Lahn* und ein spätgotisches Steintafelbild des Erzengels Michael besichtigen. Sehenswert ist auch das Netzgewölbe. Ansonsten fiel ein Großteil der Inneneinrichtung der Reformation zum Opfer.

Der Kirchenbezirk war einst ummauert, im Kirchhof sind von der ehemaligen Befestigung im Osten noch Teile eines halbrunden Schalenturms von 1463 erhalten.

Nun gehen wir zurück und wieder die Stufen hinab zur Bürgermühle (Hahnsche Mühle).

Bürgermühle (Hahnsche Mühle), Bürgermühlenweg 11. In Waiblingen wurden bereits 1268 drei Mühlen erwähnt. Die Bürgermühle war eine davon, sie wurde 1574 neu erbaut und hat den Brand von 1634 überstanden. Bis 1921 war die Mühle in Betrieb. Heute gewinnen die Stadtwerke mit einem Schau-Flusskraftwerk Strom. Am Mauerwerk der Mühle sind Markierungen angebracht, die zeigen, wie hoch das Hochwasser der Rems dort schon stand.

Wir steigen nun links der Hahnschen Mühle hoch zur bereits sichtbaren Nikolauskirche. Vor ihr befindet sich der Apothekergarten mit alten Heil- und Giftpflanzen.

Nikolauskirche, Kurze Straße 39. Das auch kleine oder innere Kirche genannte Gotteshaus steht auf einem Muschelkalkfelsen und wurde 1269 erstmals als Kapelle Sankt Nikolaus in den Muren erwähnt. 1462 wurde sie durch die Stiftung einer Predigerstelle zur Predigerkirche und deshalb 1488 umgebaut. Damals erhielt sie auch ein Türmchen. 1634 ist sie teilweise ausgebrannt, ab 1674 wurde sie wieder aufgebaut und 1682 geweiht. Damals hat man auch die Spätrenaissancekanzel im Stil des Frühbarock umgestaltet. Die Deckengemälde sind von 1779. 1903 bis 1905 wurde die Nikolauskirche nach Plänen von *Heinrich Dolmetsch* erneuert. Erst kürzlich hat sie die Evangelische Kirche an die griechisch-orthodoxe Gemeinde verkauft.

Wir machen nun einen kurzen Abstecher nach links zum ehemaligen Pfarrhaus und der Alten Lateinschule.

Ehemaliges Pfarrhaus, Kurze Straße 40. Das Gebäude diente bis 1930 als zweites evangelisches Pfarrhaus. Es ist das Geburtshaus *Luise Duttenhofers* (1776–1819), der Tochter des *Diakons Georg Bernhard Hummel,* die durch ihre Scherenschnitte berühmt wurde.

Alte Latein- und Realschule, Kurze Straße 51. Die ehemalige Lateinschule wurde 1754/55 mit ihrer rückwärtigen Seite auf der Stadtmauer erbaut.

Nun gehen wir in der Kurzen Straße nach rechts. Hinter der Nikolauskirche finden wir das Haus auf der Mauer.

Haus auf der Mauer, Kurze Straße 35/2. Hier befand sich einst die älteste Lateinschule, 1581 wurde auf ihren Mauern ein Neubau errichtet.

1652 bis 1674 diente das Gebäude erneut als Lateinschule.

Vor dem Marktdreieck geht nach links die Zwerchgasse ab, an der Ecke sehen wir die Rathaus-Apotheke.

Rathaus-Apotheke, Kurze Straße 28. Das Gebäude der Rathaus-Apotheke wurde 1643 erbaut und dient seit 1650 als Apotheke. An der Ecke ist ein Neidkopf aus dem 17. Jahrhundert zu sehen.

Wir machen nun einen Abstecher in die Zwerchgasse.

Casparischer Bau, Zwerchgasse 6/Ecke Scheuerngasse. Das Ge-

Waiblingen besitzt noch viele idyllische Plätze, die an Spitzweg erinnern.

bäude erhielt seinen Namen nach dem zweiten Amtsarzt *Dr. Ernst Caspar* (1730–1736). Die Rundbogentür stammt von 1600. Sie gehört zu den wenigen Objekten in der Stadt, die die Katastrophe von 1634 überstanden haben. Der zweite, rechteckige Eingang mit der Renaissance-Einfassung stammt von 1792.

Danach kommen wir zum Marktdreieck.

Marktdreieck und Neues Rathaus. Das moderne Gebäude des Marktdreiecks wurde 1974 errichtet. 1959 hat man das neue Rathaus auf dem Gelände des 1634 abgebrannten Schlosses der Grafen von Württemberg erbaut.

Wir gehen weiter nach Norden, rechts an den Arkaden des Alten Rathauses vorbei.

Altes Rathaus, Marktplatz 4. Das 1476 erstmals erwähnte Gebäude wurde 1597 neu errichtet. Obwohl es bereits 1634 wieder zerstört wurde, hat man es erst in der ersten Hälfte des 18. Jahrhunderts neu erbaut. Es diente bis 1875 als Rathaus. Im Erdgeschoss befand sich einst eine Markthalle, die bei der Renovierung 1975/76 wieder freigelegt wurde.

Nun sind wir auf dem Marktplatz, der einiges an Sehenswürdigkeiten zu bieten hat:

Marktplatz/Marktbrunnen. Auf der rechten Seite des Marktplatzes steht seit 1689 der Marktbrunnen, der von einer barocken Figur der Justitia gekrönt ist (Kopie; das Original kann man im Museum der Stadt Waiblingen bewundern).

Fruchtkasten, Kurze Straße 27. Hinter dem Marktbrunnen steht der einstige Fruchtkasten der Geistlichen Verwaltung, der früher zur Sammlung und Aufbewahrung des Zehnten diente. 1654 hat man die Ruine überbaut, später wurde das Haus als Wohngebäude genutzt. Es war 1849 und 1857 bis 1965 im Besitz der Konditorfamilie *Kaiser* – hier entstanden 1889 die berühmten »Kaisers Brustkaramellen«. Den Namen »Quaderhaus« erhielt es wegen seiner Bemalung, die einen wertvollen Steinbau vortäuschen sollte. Es ist das einzige derartige Haus der Gegend.

Ehemaliges Vogthaus, Marktplatz 5. Das 1655 wieder erbaute Haus ist die älteste bekannte Vogtei der Stadt und das ehemalige Amt Waiblingen.

Schillerhaus, Marktplatz 3. Das Gebäude wurde 1645 wieder aufgebaut, 1668 bis 1695 gehörte es dem Bäcker und Gerichtsverwandten *Caspar Schiller,* dem Urgroßvater des Dichters. *Schillers* Vater *Johann Caspar* wurde in Bittenfeld, das heute zu Waiblingen gehört, geboren.

Ehemaliges Oberamtsgericht, Marktplatz 1. Das 1690 errichtete Gebäude besitzt einen zweigeschossigen Erker mit einigen Fratzen (Neidköpfen) aus dem Frühbarock. 1824 bis 1842 war hier *Karl Mayer* Oberamtsrichter; er gehörte zur so genannten »Schwäbischen Dichterschule« und war mit *Graf*

Alexander von Württemberg, Nikolaus Lenau, Ludwig Uhland, Justinus Kerner, Eduard Mörike und anderen Dichtern befreundet.

Der Taubenhäusler. Die Skulptur von *Karl-Henning Seemann* geht auf die Zeit nach 1634 zurück, als die armen Waiblinger viele Tauben hielten. Dass diese sich allerdings in den Feldern der Umgebung ihr Futter holten, gefiel den Bauern dort nicht besonders.

Am westlichen Ende des Marktplatzes, hinter dem ehemaligen

Die Stadtmauer in Waiblingen ist teilweise noch begehbar

Oberamtsgericht, sehen wir rechts in der Langen Straße das Haus Villinger.

Haus Villinger, Lange Straße 28. Das Gebäude ist das Stammhaus des führenden Waiblinger Handelsunternehmens. Es wurde 1644 von Bürgermeister *Johannes Weysser* erbaut.

Dann gehen wir nach rechts die Kurze Straße hinunter, hier finden wir einige historische Gebäude:

Zacherhaus, Kurze Straße 22. Der *Vogt Wolfgang Zacher* (1606–1689) begann mit diesem Haus den Wiederaufbau der 1634 im Dreißigjährigen Krieg zerstörten Stadt. Er wurde 1638 zum Waiblinger Vogt bestellt, in einer Zeit, in der von den einst 400 Bürgern nur noch dreißig am Leben waren! Zacher selbst wurden später starke Vorwürfe gemacht, er habe sich an der heruntergekommenen Stadt bereichert.

Kleiner Kasten, Kurze Straße 31. Auch dieses Gebäude gehörte einst zum Schloss und wurde vor 1679 überbaut. In ihm hat man den Zehnten aufbewahrt.

Ehemaliges Pfarrhaus und Dekanat, Kurze Straße 25. Das 1475 erbaute Gebäude diente einst der Geistlichen Verwaltung und war 1647 bis 1956 Pfarrhaus und Dekanat. Es steht nördlich des 1634 zerstörten Schlosses, zu dessen Anlage es gehörte. 1647 überdachte man die Ruine und überbaute Teile davon in den Jahren 1670 bis 1675. Die prächtige barocke Haustüre wurde 1726 geschaffen, darüber

155

befindet sich ein Wappen. Vor dem Haus steht ein altes Grenzschild.

Nun gehen wir die Kurze Straße hinunter und folgen kurz danach dem Schild zum »Bädertörle«. Vorher können wir uns, wenn wir die Kurze Straße noch etwas weiter gehen, zwei weitere Häuser ansehen.

Ehemalige Stadtschreiberei, Kurze Straße 11. Hier war der Sitz von einem der Waiblinger Stadtschreiber, einer im alten Württemberg wichtigen Instanz. Das Haus besitzt bemaltes, prächtig renoviertes Fachwerk.

Gräfin-Anna-Haus, Kurze Straße 7. Das Haus wurde 1459 von *Graf Ulrich V.* für seine geschiedene Schwester, die *Gräfin Anna von Katzenellenbogen,* gekauft. Sie wurde 1408 in Waiblingen geboren und starb hier auch im Jahr 1471.

Beim Bädertörle/Stadtmauer, (bei Gebäude 17/1). Der offene Mauergang gehört zu den malerischsten Winkeln der Altstadt. Hier standen im Mittelalter Badehäuser, außerhalb des Tors sieht man Hochwassermarken eingemeißelt.

Der in Teilen heute noch gut erhaltene doppelte Mauerring führt vom ehemaligen »Fellbacher Torturm« bis zur Bürgermühle. Er hat eine ovale Form und umschloss ein Gebiet von etwa 400 mal 100 Metern, der innere Ring der Stadtmauer hatte einst eine Länge von einem Kilometer. Zwischen beiden Mauern lag der Zwinger. Besonders beeindruckend sind die beiden Türme

der Stadtmauer: der Hochwachtturm und der Beinsteiner Torturm.

Beim Bädertörle kann man die Altstadt zur Erleninsel verlassen.

Erleninsel. Bis in die sechziger Jahre des 20. Jahrhunderts waren die beiden Erleninseln noch Viehweiden, erst Mitte der siebziger Jahre gelangten sie in den Besitz der Stadt.

Wir gehen nun auf der Stadtmauer oder auf ihrer Innen- oder Außenseite weiter bis zum Beinsteiner Torturm.

Beinsteiner Torturm, Lange Straße 1. Der 1491 erbaute Beinsteiner Torturm liegt vor der Mauer an der Rems und sollte eine hier vorgesehene Stadterweiterung absichern. Er blieb als Einziger von einst drei Stadttoren erhalten. Auf der Außenseite sieht man drei Reliefs: Oben das Wappen von *Graf Eberhard V.* mit dem Waiblinger Wappen (1491), darunter zwei Sgraffitogemälde (1938), die Ereignisse aus der Stadtgeschichte darstellen. Im Turm befinden sich die Csávolyer Heimatstuben, ein Museum der Ungarn-Deutschen. Die Steinbrücke wurde von *Johann Adam Groß* erbaut (1735). Der Turm diente einst als städtisches, 1818 bis 1864 als Oberamts-Gefängnis.

Als Nächstes biegen wir links in die Lange Straße ein.

Lange Straße. Die Lange Straße, die älteste Straße der Stadt, führte einst von der Remsfurt beim Beinsteiner Tor zum Zehnthof, wo sich die Burganlage befand, und wurde bis zum »Fellbacher Tor« fortgesetzt. Sie war die wichtigste Durchgangsstraße der Stadt. In ihrer Mitte befinden sich restaurierte Fachwerkbauten wie die Alte Herberge (Lange Straße 36) oder der Pfleghof des Klosters Adelberg, das spätere Kameralamt (Lange Straße 40).

Wir biegen nach rechts ab in die Untere Sackgasse, die uns erst links, dann rechts durch die Mittlere Sackgasse zur Straße Weingärtner Vorstadt bringt. Dort stand links einst das Tränktor.

Tränktor. Das früher nur neunzig Zentimeter breite Tor führt zur Weingärtner Vorstadt.

Wir orientieren uns nun nach links und gehen in der Straße Weingärtner Vorstadt zum Großen Haus, in dem sich das Museum der Stadt Waiblingen befindet.

Großes Haus/Museum der Stadt Waiblingen, Weingärtner Vorstadt 20. Hier, im ältesten erhaltenen Profanbau der Stadt (1550–53), werden Objekte aus der Stadtgeschichte gezeigt und – in Wechselausstellungen – zeitgenössische Kunst. Das Haus steht auf einem steinernen Sockel, die Giebelfront des Gebäudes zeigt vier Fachwerk-Kragstocke. Es wurde vermutlich aus Hegnach (heute ein Stadtteil von Waiblingen), das nach dem Dreißigjährigen Krieg menschenleer war, umgesetzt. In Waiblingen diente es dann 300 Jahre lang als Dekanatswohnung.

Wir spazieren nun die Straße Weingärtner Vorstadt in Richtung

Fachwerkidylle in Waiblingen

Südwesten hinauf. Kurz darauf gehen wir nach links durch die Marktgasse zur Oberen Sackgasse und weiter in die Lange Straße.

Gebäude Obere Sackgasse 17. Über der Rundbogentür des Hauses sieht man einen Schlussstein, der mit Steinmetzzeichen versehen ist, links und rechts ist je ein Neidkopf angebracht.

Zurück in der Langen Straße gehen wir nach links zum Gebäude Lange Straße 24.

Lange Straße 24. Das mächtige Fachwerkhaus wurde nach dem Brand um 1700 neu erbaut.

Wir spazieren weiter in der Langen Straße Richtung Marktplatz. Nach dem Marktplatz kommen wir zur Marktgasse und einigen sehenswerten Gebäuden.

Marktgasse. Diese Einkaufspassage wurde 1990 an Stelle der Sachsenheimer Gasse errichtet. Dieser Name kommt vom Hofmeister *Hans von Sachsenheim,* der dem Vormundschaftsrat angehörte, der ab 1419 für die unmündigen Kinder der Witwe *Henriette von Mömpelgard* zuständig war.

Lange Straße, bei Haus Nr. 37. In der Langen Straße gegenüber dem Herbergsbrunnen von der Zwerchgasse bis zum Marktplatz sieht man alte Handwerkerhäuser mit prächtigen Fachwerkfassaden.

Alte Herberge/Herbergsbrunnen, Lange Straße 36. Das Gebäude wurde nach 1634 neu errichtet, der Name bezieht sich auf die frühere Verwendung des Hauses als Herberge. Der Herbergsbrunnen wurde 1757 in barock-klassizistischem Stil gestaltet und 1973 erneuert.

Ehemaliges Kameralamt, Lange Straße 40. Dort entstand 1260 mit der Adelberger Pflege eine Niederlassung des Klosters. 1649 bis 1669 wurde das heutige Gebäude unter Verwendung alter Bauteile errichtet. Heute befindet sich hier die Galerie der Stadt Waiblingen, in der überregionale Kunstausstellungen gezeigt werden.

Interimsrathaus, Lange Straße 46/Ecke Schmidener Straße. Das Gebäude wurde 1650 erbaut und 1660 erhöht. Es diente bis 1730 als Interimsrathaus und bis 1840 als »Altes Rathaus«.

Von hier aus machen wir einen kurzen Abstecher nach rechts zum Feldmesserhaus.

Feldmesserhaus, Schmidener Straße 11. Dieses letzte Haus vor der Stadtmauer gehörte der Seilerfamilie *Bechtle.* Dort stand der 1832 abgebrochene Schmidener Torturm. 1634 wurde das Gebäude als »Gastherberge zum rothen Löwen« errichtet.

Nun spazieren wir bis zur Straße Am Hochwachtturm, wo wir uns rechts halten.

Gaststätte, Beim Hochwachtturm 7. In diesem Gebäude befanden sich einst die wichtigsten Gaststätten der Stadt (»Zum Lamm«, »Hirsch«). Am Türstein findet man die Jahreszahl 1710. Ab 1701 war *Johann Heinrich Walch* Metzger und Lammwirt; er war der Sohn der *Barbara Walch-Künkelin,* die 1688 Anführerin der »Weiber von Schorndorf« gewesen war.

Zehntbrunnen vor dem Zehnthof, Beim Hochwachtturm 8. Der Brunnen wurde 1963 von *Fritz Mehlis* geschaffen und erinnert an den Zehnten, bei dem die Bauern oft ihr letztes Huhn abliefern mussten. Zurzeit der Salier (um 1080) soll der Bereich um den Hochwachtturm »zu der vornehmsten Veste in Schwaben« gehört haben. Im angrenzenden Zehnthof sollen sich im Keller die ältesten Baureste der

Stadt befinden. Hier stand die 1912 abgebrannte Zehntscheuer.

Hochwachtturm. Der zur Landesverteidigung gehörende, 45 Meter hohe Hochwachtturm liegt am höchsten Punkt der Innenstadt (243 m). Sein unterer Teil stammt aus staufischer Zeit (um 1100) und gehört zu den ältesten Bauteilen der Stadt. Im Turmaufsatz wohnte einst der Wächter und Zinkenist. Dieser ist auch heute noch sonntags zu hören.

Nach der vor 1250 erfolgten Stadterhebung wurde beim Hochwachtturm mit dem Bau der Stadtmauer begonnen, wobei die innere Hauptmauer, die man zuerst errichtete und die einen überdachten Wehrgang besaß, etwa acht Meter hoch war. Nach etwa sieben bis acht Metern kam der Stadtgraben und dahinter die zweite Vormauer. Später errichtete man außerhalb der zweiten Mauer einen zweiten Stadtgraben mit Wall.

Zurück in der Langen Straße können wir nach rechts zurück zum Torwarthaus am »Fellbacher Tor« gehen, wo unser kurzer Rundgang endet.

Stadt Waiblingen

mit reizvoller Naturlandschaft bis in die Stadtmitte hinein

mit historischer Stadtbefestigung

mit guten Verkehrsverbindungen

mit kundenfreundlicher Innenstadt

mit gepflegtem Kulturzentrum

mit einladender Gastronomie

Das richtige Ziel in der Region Stuttgart

JUNGE STADT IN ALTEN MAUERN

Verkehrsamt der Stadt Waiblingen
71332 Waiblingen · Rathaus · Tel. (07151) 5001-423 · Fax 5001-446

Informationen

Museen, Galerien, Schausammlungen

Alfdorf

- **Heimatmuseum,** Obere
  Schloßstraße 43,
  Telefon (0 71 72) 35 66

Beutelsbach, Stadtteil von Weinstadt

- **Bauernkriegs- und Heimat-
  museum,** Altes Rathaus, Stift-
  straße 11,
  Telefon (0 71 51) 69 32 89
- **Ostdeutsche Heimatstube**,
  Altes Rathaus, Stiftstraße 11,
  Telefon (0 71 51) 6 64 86

Buoch, Ortsteil von Remshalden

- **Museum im »Hirsch«,**
  Eduard-Hiller-Straße 6,
  Telefon (0 71 51) 7 32 02

Endersbach, Stadtteil von Weinstadt

- **Heimatstube,** Schulstraße 12,
  Telefon (0 71 51) 69 32 89

Fellbach

- **Stadtmuseum,** Hintere Straße
  26, Telefon (07 11) 5 85 13 91

Ostdeutsche Heimatstube,
Friedensstraße 11,
Telefon (07 11) 57 45 94

- **Ostdeutsche Heimatstube,**
  Friedensstraße 11,
  Telefon (07 11) 57 45 94

Grunbach, Ortsteil von Remshalden

- **Haus der Kunst – Porzellan-
  museum**, Kanalstraße 10,
  Telefon (0 71 51) 7 35 05
- **Museum im Olgastift –
  Ostdeutsche Heimatstube,**
  derzeit geschlossen
  Museum im Olgastift
- derzeit geschlossen

Hertmannsweiler, Stadtteil von Winnenden

- **Heimatstube,** Am Hasen-
  brunnen 7a,
  Telefon (0 71 95) 6 02 09

Kleinheppach, Ortsteil von Korb

- **Steinzeitmuseum,** Rathaus,
  Telefon (0 71 51) 60 65 32

Lorch

- **Heimatmuseum,** Kloster Lorch,
  Telefon (0 71 72) 9 27 17-0

Michelau, Ortsteil von Rudersberg

■ **Technisches Museum,** Weilerwiesen 1, Ölmühle Michelau, Telefon (0 71 83) 27 55

Neckargröningen, Ortsteil von Remseck

■ **Dorfschmiede,** Wasenstraße 61, Telefon (0 71 44) 9 72 41 (Walter Suckert)
■ **Ölmühle,** Ludwigsburger Straße 46, Telefon (0 71 46) 2 89-1 49

Neckarrems, Ortsteil von Remseck

■ **Heimatmuseum,** Dorfstraße 2, Telefon (0 71 46) 62 80 und 65 43
■ **Heimatstube,** Kirchplatz 17 (Altes Schulhaus), Telefon (0 71 46) 2 89-1 49

Oppelsbohm, Ortsteil von Berglen

■ **Museum in den Berglen,** Beethovenstraße 9, Telefon (0 71 95) 9 75 70

Remseck

■ **Radiomuseum,** Keplerstr. 16, Telefon (0 71 44) 33 23 47 und (0 71 46) 2 89-1 49

Schnait, Stadtteil von Weinstadt

■ **Silcher-Museum,** Silcherstraße 49, Telefon (0 71 51) 6 52 30

Schorndorf

■ **Stadtmuseum,** Kirchplatz 7–9, Telefon (0 71 81) 2 13 51
■ **Daimler Geburtshaus,** Höllgasse 7, Telefon (07 11) 17-2 63 80

Schwäbisch Gmünd

■ **Brünner Heimatmuseum,** Johannisplatz 3, Telefon (07 11) 36 62 20
■ **Museum im Prediger,** Johannisplatz 3, Telefon (0 71 71) 6 03-41 27 und -41 30
■ **Silberwaren- und Bijouteriemuseum Ott-Pausersche Fabrik,** Milchgäßle 10, Telefon (0 71 71) 3 89 10 und 6 03- 41 30, www.schwaebisch-gmuend.de

Schwaikheim

■ **Alte Schmiede,** Burgstraße 1, Telefon (0 71 95) 5 38 12

Stetten, Ortsteil von Kernen

■ **Museum unter der Y-Burg,** Hindenburgstraße 24, Telefon (0 71 51) 4 01 40

Strümpfelbach, Stadtteil von Weinstadt

- **Museum Nuss,** Hauptstraße 19,
  Telefon (0 71 51) 60 33 31
  Heimatmuseum, Hauptstraße 4,
  Telefon (0 71 51) 6 12 41

Urbach

- **Bürgerhaus »Museum am Widumhof«,** Mühlstraße 11,
  Telefon (0 71 81) 80 07 30

Wäschenbeuren

- **Staufergedächtnisstätte und Museum Wäscherschloss,**
  Wäscherschloss,
  Telefon (0 71 72) 62 32

Weiler, Stadtteil von Schorndorf

- **Heimatmuseum,** Rathaus,
  Schorndorfer Straße 22,
  Telefon (0 71 81) 7 10 02

Waiblingen

- **Landratsamt Rems-Murr-Kreis,** Alter Postplatz 10,
  Telefon (0 71 51) 50 17 42
- **Museum der Stadt Waiblingen,** Weingärtner
  Vorstadt 20,
  Telefon (0 71 51) 1 80 37
- **Csavolyer Heimatmuseum,**
  Beinsteiner Torturm,
  Telefon (0 71 51) 5 49 19

Weiler zum Stein, Ortsteil von Leutenbach

- **Heimatmuseum,** Friedhofstraße 32,
  Telefon (0 71 95) 83 89

Winnenden

- **Städtisches Museum,** Markt-straße, Telefon (0 71 95) 1 31 01
  Feuerwehrmuseum,
  Bahnhofstraße 43,
  Telefon (0 71 95) 10 30 55

Winterbach

- **Dorf- und Heimatmuseum,**
  Auf dem Herdfeld 5,
  Telefon (0 71 81) 7 21 64
- **Ehemalige Hafnerbrennhütte,** Auf dem Herdfeld 16,
  Telefon (0 71 81) 7 21 64

Die Künstlerfamilie Nuss im Remstal

Wohl in keiner anderen Landschaft sind die Ortsbilder derart von einer Künstlerfamilie geprägt wie das untere Remstal von den Bildhauern Fritz Nuss (1907 bis 1999) und seinem Sohn Karl-Ulrich Nuss (geboren 1943). Man meint, es gäbe wohl keinen Ort, an dem nicht mindestens eine Arbeit von einem der beiden steht!

Wer sich für die Arbeiten dieser schwäbischen Künstler interessiert, kann die Orte mit dem Auto anfahren, man kann die Nuss'sche Kunst aber auch erwandern: In Strümpfelbach wurde 2001 in der Weinberglandschaft ein »Skulpturenpfad« angelegt, der einen von Skulptur zu Skulptur führt. Der Beginn ist am nördlichen Ortsanfang angezeigt.

Im Einzelnen sind im Remstal folgende Arbeiten zu sehen:

■ **Beutelsbach, Ortsteil von Weinstadt**
Flötenspielerin, Stiftshof (F. N.)
Liegende, Stiftshof (F. N.)
Torso, Stiftshof (F. N.)
Bronzetafeln zum Marsyas-Mythos, Stiftskeller (F. N.)
Brunnen, Remstal-Kellerei (F. N.)
Armer Konrad, Rathaus (K.-U. N.)

■ **Endersbach, Ortsteil von Weinstadt**
Brunnen, Kreissparkasse (F. N.)
Kreuzweg (15 Bronzetafeln), Sankt-Andreas-Kirche, (F. N.)
Wasserschöpfer, Strümpfelbacher Straße (K.-U. N.)

■ **Fellbach**
Vogelschwarm, Schwabenlandhalle (F. N.)

■ **Großheppach, Ortsteil von Weinstadt**
Brunnen Knabenfigur mit Fisch, Friedrich-Schiller-Schule (F. N.)
Kriegsratplastik, Prinz-Eugen-Platz (K.-U. N.)

■ **Grunbach, Ortsteil von Remshalden**
Wasserschöpferin (F. N.)

■ **Neustadt, Ortsteil von Waiblingen**
Der Zwetschgenklopfer, Rathaus (F. N.)

■ **Schorndorf**
Mutter mit Kind, Stadtkirche (F. N.)
Relief, Eingangshalle Kreiskrankenhaus (K.-U. N.)

■ **Strümpfelbach, Ortsteil von Weinstadt**
Weingärtnerdenkmal, Kirsch-blütenweg (F. N.)
Gefallenen-Ehrenmal, Friedhof (F. N.)
Mosaikbrunnen, Rathaus (F. N.)
Rosenbrunnen (F. N.)
Bronzeplatte, evangelische Kirche (F. N.)
Karlstein (F. N.)
Skulpturenpfad (F. und K.-U. N.)
Bronzeportal, evangelische Kirche (K.-U. N.)

■ **Waiblingen**
Rems-Murr-Brunnen, vor dem Landratsamt (F. N.)
Mutter, vor der Michaelskirche (F. N.)
Sitzende, Kreiskrankenhaus (F. N.)
Übergang, Schmidener Straße (K.-U. N.)
Drei Kaiserinnen, Kreisspar-kasse (K.-U. N.)

Hier ist die Frühjahrsblüte am schönsten

■ Zwischen Strümpfelbach und Stetten
■ Nördlich von Schorndorf und Winterbach
■ Zwischen Grunbach und Beutelsbach
■ Nördlich von Haubersbronn und Urbach
■ In den Berglen

Hier leuchtet im Herbst das Weinlaub in allen Farben

■ An den Südhängen zwischen Korb und Hebsack
■ Zwischen Fellbach und Strümpfelbach
■ Unterhalb des Kappelbergs
■ Zwischen Beutelsbach und Schnait
■ An den Hängen östlich von Schnait

Aussichtspunkte

- Bürg (418 m)
- Buocher Höhe (500-520 m)
- Gänsberg (390 m)
- Hirschkopf (427 m)
- Hörnleskopf (426 m)
- Hohenrechberg (707 m)
- Kappelberg (469 m)
- Kernenturm (513 m)

- Kleinheppacher Kopf (440 m)
- Korber Kopf (457 m)
- Manolzweiler (479 m)
- Rosenstein (686 m)
- Württemberg (411 m)
- Ruine Y-Burg (ca. 350 m)
- Schönbühl (446 m)

Bademöglichkeiten

- **Freibäder**
  Beutelsbach
  Bittenfeld
  Endersbach
  Fellbach
  Geradstetten
  Höfen
  Korb
  Remshalden
  Rudersberg
  Schlichten
  Schorndorf
  Schwäbisch Gmünd
  Schwaikheim
  Steinenberg
  Stetten
  Strümpfelbach
  Urbach
  Waiblingen
  Winterbach

- **Erlebnis- und Spaßbäder**
  Adelberg
  Schwäbisch Gmünd
  Winnenden

- **Hallenbäder**
  Endersbach
  Fellbach
  Hegnach
  Korb
  Neustadt
  Schorndorf
  Schwäbisch Gmünd
  Strümpfelbach
  Waiblingen

- **Badeseen**
  Alfdorf
  Plüderhausen
  Schorndorf
  Schwäbisch Gmünd
  Waldhausen

Mehr vom Remstal

In Ihrer Buchhandlung

Das Remstal

Fotos von Hardy Zürn
Text von Michael Städele

Der Bildband gibt die vielfältigen Reize
der Region zwischen Schorndorf und
Fellbach exzellent wieder.

100 Seiten, 118 Farbaufnahmen, fester
Einband, ISBN 978-3-87407-563-3

Der Schwäbisch-Fränkische Wald

Fotos von Claudia Gollor-Knüdeler
Text von Bernhard Drixler

Dieser Bildband entführt in die
Gegend zwischen Remstal, Ostalb,
Hohenlohe und Neckartal.

100 Seiten, 104 Farbaufnahmen, fester
Einband. ISBN 978-3-87407-535-0

Renate Seibold-Völker
Andreas Krohberger

Fellbacher Weinbuch

Geschichten, Anekdoten und viel
Wissenswertes rund um
die Weinmetropole Fellbach

Mit Beiträgen von Natalie Lumpp,
Felix Huby, Vincent Klink,
Christoph Sonntag u. a.
Fotografien: Peter D. Hartung.

100 Seiten, 107 Farbaufnahmen,
fester Einband.
ISBN 978-3-87407-771-2

Silberburg·Verlag

www.silberburg.de

STU**TT**GART
Regio

Wir haben
die schönsten
Ausflugsziele

Entdecken Sie die Erlebnis-Region Stuttgart

Infos in der in der Touristikinformation i-Punkt
Königstraße 1A · 70173 Stuttgart
Tel. 0711/22 28-0 · Fax 0711/22 28-253
www.stuttgart-tourist.de

Pfiffige Wegbegleiter von Dieter Buck

In Ihrer Buchhandlung

Mit interessanten Rad- und Wandertouren, detailgenauen Karten und vielen Farbfotos

Sagenziele im Ländle
ISBN 978-3-87407-792-7

Quellenziele im Ländle
ISBN 978-3-87407-776-7

Burgenziele im Ländle
ISBN 978-3-87407-732-3

Malerische Städteziele im Ländle
ISBN 978-3-87407-705-7

Aussichtsziele im Ländle
ISBN 978-3-87407-626-5

Wasserziele im Ländle
ISBN 978-3-87407-579-4

Wandern in der Region Stuttgart
ISBN 978-3-87407-734-7

Wanderziel Östliche Alb
ISBN 978-3-87407-697-5

Wanderziel Westliche Alb
ISBN 978-3-87407-696-8

Stuttgarter Wanderbuch
ISBN 978-3-87407-647-0

Spazier-Ziele in der Region Stuttgart
ISBN 978-3-87407-758-3

Spazier-Ziele auf der östlichen Alb
ISBN 978-3-87407-688-3

Spazier-Ziele auf der westlichen Alb
ISBN 978-3-87407-687-6

Ausflugsziel Mittlerer Schwarzwald
ISBN 978-3-87407-775-0

Ausflugsziel Nordschwarzwald
ISBN 978-3-87407-774-3

Ausflugsziel Unterland
ISBN 978-3-87407-735-4

Ausflugsziel Hohenlohe
ISBN 978-3-87407-699-9

Ausflugsziel Gäu
ISBN 978-3-87407-698-2

Ausflugsziel Schwäbisch-Fränkischer Wald
ISBN 978-3-87407-648-7

Ausflugsziel Stromberg-Heuchelberg
ISBN 978-3-87407-547-3

Ausflugsziel Remstal
ISBN 978-3-87407-512-1

Ausflugsziel Schönbuch
ISBN 978-3-87407-375-2

Zusammen mit Harald Schukraft:

Stuttgarter Grenz-Wanderungen
ISBN 978-3-87407-551-0

Jeweils 160–168 Seiten, mit rund 100 Abbildungen

Silberburg·Verlag

www.silberburg.de